国際理解には宗教がほぼ半分

外国ルーツの隣人を知るために

三木 英［著］

法藏館

【目次】

第5章 日本・インド・ネパールひとつなぎ ―― ヒンドゥー教 94

第11章 神と仏と先祖たち —— 韓国の宗教　221

国際理解には宗教がほぼ半分

外国ルーツの隣人を知るために

はじめに

外国人の姿をよく見かけるようになりました。

オーバーツーリズムという言葉が広まるほどに、日本各地の名所は外国人観光客で溢《あふ》れています。この国に魅力を感じて来日して楽しんでくれているのですから、多過ぎると感じないではないものの、喜ばしいことです。

観光客は旅程が終われば帰国していきますが、私たちが見かける外国人は彼ら以外にもいます。日本に住んでいる外国人がそれで、その数は増え続けています。会社の同僚、学校の同期生、よく行くお店の従業員、そしてご近所の住人等々。直接話したことはなくても見知った外国人の数は十指に余る、という人は多いはずです。

日本で暮らす外国人のなかには信仰心篤《あつ》い人が数多く含まれています。

本当にそうなのか、と疑問に思う人はいるでしょう。

本当です。そもそも世界では何も信仰していないという人の方が少数派です。来日してくる人たちが何かを信仰していることに何の不思議もありません。

本書の目的は、私たちのすぐそばで暮らす外国出身者とその宗教について、知ってもらうことです。宗教を知れば、その人がどういう文化のなかで生まれ育ってきたかがわかります。それがわかれば、文化の違いを超えたお付き合いに深みが出ると思うのです。

何に気をつければいいか、何をしてあげれば助けになるか、どうすれば喜んでもらえるのか。（観光客を含む）外国人を迎え入れる側は、彼らと良好な関係をつくるために心を砕《くだ》いてきたはずです。外国人の宗教を知っておけば、きっと役に立ちます。

街を歩いていて、ヘッドスカーフ（ヒジャブといいます）を被《かぶ》った若い女性を何度も見かけるようになったでしょう。彼女たちはイスラム教徒です。イスラム教徒を本書では以降、ムスリムと表記します。またイスラム教はイスラームと表記していきます。

ムスリムが集まって礼拝するための場所がモスクです。このモスクを以下ではマスジドと言い換えます。アラビア語のマスジドが転訛《てんか》してメスキータとなり、さらにモスクになっていきました。このマスジドがいま、日本で急増中なのです。もうとっくに一〇〇を超えました。

キリスト教会も増えています。それも、外国出身者が自分たちでつくり上げた教会です。ブラジル人が集住する地域には、たくさんのプロテスタント教会が設立されています。

日本に暮らすブラジル人のなかにはカトリックもたくさんいます。彼らは日本のカトリック教会に足を運んで、日本人信者とともに祈っています。ブラジル人信者が多く訪れてくる教会では、ブラジルの公用語であるポルトガル語でミサを行うようになってきています。

台湾やタイ、ベトナム、スリランカの仏教のお寺も各地に建立されています。日本人が見慣れた寺の建物とは違う建物のなかに、見慣れた仏像とはちょっと違う仏像が安置されています。このことを知る日本人はまだ多くありません。

かつて日本は移民を送り出していた国でした。目的地の一つがハワイです。そのハワイに日本仏教のお寺があることも知られているでしょうか。ハワイで頑張る人たちのため、日本の宗派が分院をつくったのです。いま日本で頑張る台湾人、タイ人、ベトナム人、スリランカ人が足を運ぶ彼らの仏教のお寺が日本のどこかにあったとしても、驚くには値《あたい》しないでしょう。

かくして日本国内に外国出身者が増えるとともに、外国出身宗教も増えてきています。私はこの宗教を〝ニューカマー宗教〟と呼んでいます。ニューカマーとは文字通り「新しくやって来た人」。すなわち二〇世紀の終わり頃から来日して定着するようになった外国人を総称する言葉ですが、それを「新しくやって来た宗教」にも応用しました。

日本で生きる在留外国人たちのなかには毎日を神仏に祈りながら生きる人たちが数多くいるのです。他者を理解するにあたり、その人の大切にしているものを理解することは必須です。ですから、私たちが外国出身の新たな隣人のことを理解しようというなら、彼らの宗教について知ることは大切なことだと思うのです。

ただし、国際交流にあたり宗教を知らなければ話にならない、とまで主張しようとしているわけではありません。ニューカマーのなかには無宗教を自認する人がいるでしょう。宗教への関心が低い日本の風潮に合わせて、自分の信仰から距離を置きだしたニューカマーもいるでしょう。

宗教理解「も」大切なのだ、と肩の力を抜いて、本書は読者に臨みます。「〜しなければならない」「絶対〜だ」としてしまうと、寛容さが締め出されます。多様性の時代にはふさわしくありません。

外国出身の隣人の宗教を知ることは大切だと記しましたが、その宗教を日本人も信じましょうというのとは違います。信教の自由が基本です。ここでいいたいのは、隣人が信仰心を持つことを認識することで隣人との関係が円滑になるのではないですか、ということです。

本書は読者に、ニューカマー宗教について知っていただけるよう努めています。ただし、宗教の教えの深いところまで掘り下げて解説する、ということはしません。知るのは「基礎中の基礎」でよいのではないでしょうか。もっと知りたいと思われたなら、専門的な書籍を手に取ってください。研究書も概説書も、日本ではたくさん出版されています。

どの章から読み始めても構いません。いままで知ることのなかった世界の人と宗教に触れてみてください。知らないことを知ろうとするのは人間の本性です。人は未知なるものに敢えて近づくことで、新しい境地を切り拓いてきました。

読者のみなさんの世界を広げる機会を本書が提供することになるなら、私にとって大きな喜びです。

★★★

以降をこの小文の後半部として、在留資格《ざいりゅうしかく》に言及していきます。

在留資格という文言は以降の本文中に頻出《ひんしゅつ》します。だいたいのところを押さえておきますので、本書をお読みいただくにあたっての「基礎中の基礎」としてください。

なお、よく耳にする「ビザ（査証《さしょう》）」と在留資格は別物です。ビザは、外国にある日本の大使館・領事館が日本への渡航を希望する人に発行するもので、「この人を入国させても大丈夫です」と保証するもの。入国したならビザの役割は終わりです。その後に必要となってくるのが在留資格で、その人物の日本での活動内容や範囲を決めているものです。

世界中に〝あの国で暮らしたい〟と考えている人は多いでしょう。だとしても、移住先の国が住むことを認めてくれなければ、それはただの夢に過ぎません。住むことを認められるとは、在留資格が与えられるということです。単純に〝好きだから移住します〟〝はい、どうぞ〟ということにはなりません。

本書執筆時点で日本は全部で二九の在留資格を設けています。その二九は四つの居住資格と、二五の活動資格に二分類できます。このなかのどれか一つの資格において、外国にルーツのある人たちは日本に在留しているのです。また、日本在留中に資格を変更することが珍しくないことも知っておきましょう。日本に暮らしているけれど資格を有していない、というのであればその人物は不法滞在者ということになります——見つかれば強制送還されます。

在留資格一覧表

（出入国在留管理庁による一覧表をもとに筆者作成）

《居住資格　原則として日本での就労に制限がない》

永住者　日本人の配偶者等　永住者の配偶者等　定住者

＊永住者のみ在留期間は無期限。その他は更新が必要。

《活動資格①　原則として就労可能》

外交（外国政府の大使、公使、総領事、代表団構成員等及びその家族）

公用（外国政府の大使館・領事館の職員、国際機関等から公の用務で派遣される者等及びその家族）

教授（大学教授等）

芸術（作曲家、画家、著述家等）

宗教（外国の宗教団体から派遣される宣教師等）

報道（外国の報道機関の記者、カメラマン）

高度専門職（ポイント制による高度人材）

＊高度な技術・知識を有する外国人材に対し、いくつかの項目を設けそれぞれで数値化し、一定点数に達した該当者を優遇するもの。

経営・管理（企業等の経営者・管理者）

法律・会計業務（弁護士・公認会計士等）

医療（医師、歯科医師、看護師）

研究（政府関係機関や私企業等の研究者）

教育（中学校・高等学校等の語学教師等）

技術・人文知識・国際業務（機械工学等の技術者、通訳、デザイナー、私企業の語学教師、マーケティング業務従事者等）

企業内転勤（外国の事業所からの転勤者）
介護（介護福祉士）
興行（俳優、歌手、ダンサー、プロスポーツ選手等）
技能（外国料理の調理師、スポーツ指導者、航空機の操縦者、貴金属等の加工職人等）
特定技能（特定産業分野に属する相当程度の知識又は経験を要する技能を要する業務に従事する外国人／特定産業分野に属する熟練した技能を要する業務に従事する外国人）
技能実習（技能実習生）
特定活動（外交官等の家事使用人、ワーキング・ホリデー、経済連携協定に基づく外国人看護師・介護福祉士候補者等）

《活動資格②　原則として就労不可能》

文化活動（日本文化の研究者等）
短期滞在（観光客、会議参加者等）
留学（大学、短期大学、高等専門学校、高等学校、中学校及び小学校等の学生・生徒）
研修（研修生）
家族滞在（在留外国人が扶養する配偶者・子）

四つの居住資格とは「永住者」「日本人の配偶者等」「永住者の配偶者等」「定住者」です。永住者と定住者はほぼ同じですが、永住者は在留資格の更新手続きが不要である一方、定住者には更新することが求められます。

そして二五の活動資格のなかで、本書の内容にかなり関わっている――つまり近年顕著に増加していると判断できる――ものを挙げるなら、「技術・人文知識・国際業務」「介護」「技能」「特定技能」

「技能実習」「留学」「家族滞在」といったところでしょうか。

「技術・人文知識・国際業務」資格を有する人としては、企業で社員として働いている外国人をイメージすればよいでしょう。日本の大学を卒業して日本で就職した外国人は、この資格保有者の一典型です。

「介護」は二〇一七年に創設された資格です。「留学」生として来日して介護福祉を学び、卒業後に介護福祉士の国家資格を得ることができた人が「留学」から「介護」に在留資格を変更する、というパターンが一般的です。日本における深刻な介護人材不足によって生み出された資格といえます。

「技能」としては外国料理の調理が第一のものです。しかし料理人なら誰でもこの資格を得られる、というわけにはいかず、一〇年以上の実務経験があることを証明し、それが認められる必要があります。他にスポーツ指導や動物の調教、ソムリエなども、この在留資格に含まれるものです。

「特定技能」は、日本国内での人材確保が難しい全一二の分野で技能を有する外国人に認められる資格で、二〇一八年に創設されました。一二の分野のなかには漁業・農業もありますが、介護もここに入っています。

介護の経験と技能のある人が日本で働くことを希望し、介護技能の評価試験と日本語試験に合格したなら「特定技能」で来日です。そして介護事業所で最長五年間働き、期間が終われば帰国となります。あるいは日本で国家試験にパスして介護福祉士資格を取得できれば、在留資格を「介護」に変更して期間制限なく働くということになります。介護福祉の国家試験は日本語による専門試験ですから、外国出身者には高い（高すぎる）ハードルです。

そして「技能実習」については、ここで詳しく説明しないでおきます。日本の技術の海外への移植を本来的な目的としていた在留資格がこれである、ということだけ確認しておきましょう。また、問題視されることの多い資格――というか技能実習制度――ですので、本書刊行後に廃され、これに代わる別の資格・制度が創設される可能性の高いことも承知しておいてください。

「留学」についても敢えての説明は省きます。そして「家族滞在」は、在留資格を持つ外国人が扶養している配偶者や子どもに対して認められるものです。ただ、この資格で在留する人が働いて収入を得ることは原則的に認められていません。実は留学生も原則上、労働は認められていないのですが、「資格外活動許可」を得た上で、週二八時間以内なら働くことが認められています――長期休暇のときには一日八時間までの労働が認められます。これを超えると面倒なことになりますので、働く側はもちろん、雇う側も気をつけてください。

ここまで、街ですれ違ったり職場や学校で一緒になったりする可能性の高そうな人たちの在留資格を見てきました。外国出身者のことがよりリアルに感じられるようになってきたのではないでしょうか。

もう一つ、言及すべき在留資格が残っていました。一覧表のなかに「短期滞在」を見つけてください。この資格で来日するのは主に、インバウンドの言葉とともに観光地を賑わしている人たち。つまり観光客ですが、会議出席、日本在住の親族訪問を計画している人たちにも該当します。九〇日以内、三〇日以内もしくは一五日以内のどれかの在留期間を選んで申請し――期間が長いほど申請は通りにくくなります――認められて来日してくるのです。

私は先日およそ五カ月ぶりに、あるニューカマー宗教の寺院を訪ねたのですが、応対してくれた宗教者が以前の人とは違っていました。聞けば、寺院を管理する宗教者は三カ月交代で本国から派遣されているのだそうです。それで、以前の人が「短期滞在」だったのだと知りました。またかなり以前に首都圏在住の元難民から聞いたことですが、宗教儀式をするときには祖国からその都度、僧侶を招いているということでした。外国からやって来て短期滞在している宗教者は、思いのほか多いかもしれません。

もっとも、日本在留信者の心強い相談相手になろうというのでしたら三カ月で足りるとは思えません。その場合には在留資格（活動資格）「宗教」があります。こちらの資格において活動する方が、指導者と信者の双方にメリットは大きいと思われます。

ということで宗教です。そろそろ私たちの身近で暮らす外国ルーツの隣人たちとその宗教に向き合っていきましょう。

彼らは毎日を、学業や仕事で忙しく過ごしているようです。しかし時間を見つけて、祈りを捧げるため、寺や教会、マスジドに集まって来ます。信仰によって結ばれたコミュニティが、ここに出現するのです。

コミュニティのなかで彼らは、祖国にいた時と同じように時を過ごすことができます。そして彼らの心は満たされていくことでしょう。異国で暮らす彼らにとって、宗教の時空間は心を開くことができるセッティングです。神や仏を前にして、人は心を閉ざさないと思います。

彼らの宗教を知れば彼らのことが一層に理解できる。そう考えて私は本書を執筆したのです。

第1章 新年になってから生まれたイエス——二つの正教

本書をまず、キリスト教から始めます。

日本ではキリスト教信者は全人口中の一%程度に過ぎませんから、大部分の日本人にとってキリスト教は遠い宗教です。しかしそんな日本人であっても、意外にキリスト教に関わる知識を持っています。

イエスが処女マリアから生まれたこと、一二人の使徒《しと》がいたこと、ユダに裏切られたこと、ゴルゴダの丘で磔《はりつけ》の刑に処されたこと、そして死の三日後に復活したこと、等々。以上は新約聖書《しんやくせいしょ》中のエピソードですが、旧約聖書《きゅうやくせいしょ》に記されたさまざまな物語も広く知られています。神による天地の創造、アダムとイブそして楽園から追放される二人、ノアの箱舟《はこぶね》、モーセと海が割れた奇跡、（教科書で見たミケランジェロ作の白大理石の）ダビデとソロモンの父子の時代の栄華等、どこかで聞いたぞという人は少なくないはずです。

幼稚園から大学まで、キリスト教系の学校は多いことですし、年末にはイエスの誕生を祝いますし、結婚式をキリスト教式で行いますし、首からぶら下げたネックレスの十字架が揺れていることですから、これを機にもう少しキリスト教について知っておきましょう。そしてそれを信仰する人たちのことも。

1　ハリストス正教会

キリスト教は大きく三つに分類できます。学問的にはもっと細かいようですが、本書では次の三つで止めておきます。カトリック、プロテスタント、オーソドクスです。このうち、オーソドクスが私たちには最も知られていないものでしょう。

以降はオーソドクスを正教《せいきょう》と表記します。こう書くと、多くの日本人は「ギリシャ正教」を思い出すはずです。そして「正教＝ギリシャ正教」と理解しているのではないでしょうか。しかしギリシャ正教を――ローマ・カトリックのような――ギリシャに総本山を持って東欧に拡がっているキリスト教、とだけ捉えるのは考えものです。

確かにこの捉え方もあるようですが、ギリシャ正教は通例、ギリシャという国の正教の組織と認識されます。そういえば「ロシア正教会」という言葉もよく聞かれますね。ロシアによるウクライナ侵攻以降、プーチン大統領をロシア正教会の総主教が支持しているという話題を何度か耳にしたでしょう。このロシア正教とギリシャ正教とでは、何がどう違うのでしょうか。

時は三九五年に遡《さかのぼ》ります。世界史の授業で習ったのは、この年にローマ帝国が東西に分裂したということでした。この時点でキリスト教はローマ帝国の国教にまでなっていました。そして東に分かれたローマ帝国――ビザンチン帝国ともいいます――の首都・コンスタンティノープルは、西のローマに並ぶキリスト教の中心地になっていったのです。その後、長い時間を経るなかで東西のキリスト教会はそれぞれ、礼拝形式の違いや神学上の見解等において独自の展開を見せるようになります。

この段階でキリスト教は既に東西に分裂しているのも同然ですが、一〇五四年になって（ようやく）東西が破門し合い、東西分裂と相成ります。西のカトリックと東の正教の成立です。この相互破門の状態が解消されるのは、何と一九六五年のことです。

西のカトリックはローマ・ヴァチカンの教皇《きょうこう》――ローマ法王とも表現されますしパパ様と親しみをこめて呼ばれることもあります――を頂点とし、その下に世界中の枢機卿《すうききょう》を置き、さらに下に大司教《だいしきょう》、司教、司祭《しさい》、助祭《じょさい》へと続いていく階層制を持ちます。末端にいる世界中の一般信者から見れば、教皇は巨大ピラミッドの頂点に立つ憧れの存在です。なお余談ですが、枢機卿とは次の教皇を選び教皇に選出される可能性を有する要職で英語ではカーディナルといい、司教はビショップといいます。野球のメジャーリーグやチェスが思い浮かびましたか。

対して東の正教は（原則的に）各国毎《ごと》に教会組織を展開しており、国々に小ピラミッドが存在していると喩《たと》えることができるでしょう。各国にトップの首座主教《しゅざしゅきょう》がおり、司祭、補祭《ほさい》が続きます。世界の小ピラミッドにはギリシャ正教会・ロシア正教会・セルビア正教会・ルーマニア正教会・ブルガリア正教会等々、国名を冠した正教会があります。ギリシャ正教会とロシア正教会とでは何がどう違うのでしょうかと問いを立てましたが、国が違うだけで教えや儀式は同じですよ、が答えです。

ロシア正教会の存在は日本にとって重要です。江戸時代末期から日本と関係を持ってきたからです。幕府の開国政策によって北海道は函館にロシアの領事館が設置されますが、領事館付属の礼拝堂に司祭としてニコライが赴任してきます。以降ニコライは半世紀以上にわたって日本で正教の伝道に努めました。いま東京神田に建つ重要文化財・東京復活大聖堂はニコライ堂と称されていますが、いうまでもなくニコライの功績を讃《たた》えてのことです。

ニコライが日本で蒔《ま》いた種は大きく育ち、日本正教会へとなっていったのでした。日本正教会の宗教法人としての名称は日本ハリストス正教会教団です。イエス・キリストは、正教会ではギリシャ語読みされて、イイスス・ハリストスになります。

2　コプト正教会

正教にはもう一つの流れがあります。そもそもイエスは神なのでしょうか人なのでしょうか。神性も人性も、両方を持つ、という考えが主流ですが、こう決められたのは四五一年のカルケドン公会議でのことでした。しかし、この決定に異を唱えたグループがあります。東方諸教会《とうほうしょきょうかい》とも、非カルケドン派正教ともいわれるグループです。

ここに連なる教会が、日本の京都にあります。コプト正教会といいます。確かにイエスは人として現れたけれども本性は一つ、つまり神なのだ、という説（単性説）の上に立つ教会がこれです――どっちでもいいじゃないか、というわけにはいかないのです。なお補記しておくと、ハリストス正教会は主流派（カルケドン派）です。

コプト正教会はエジプトのキリスト教です。その起源は聖マルコのエジプト伝道であると伝えられています。エジプトとキリスト教との組み合わせはピンと来ないかもしれませんが、イエスが足跡を残した地域はエジプトに近いのです。赤ちゃんだった頃のイエスが父ヨセフ、母マリアとともにエジプトに逃避したことも、新約聖書に記されています。

そのイエスの言行を記したものを福音書《ふくいんしょ》といいます。マルコは福音書記者として知られる人物なのです。福音書は全部で四つ――他の書記者はマタイ、ルカ、ヨハネです――あり、新約聖書はそれらを根幹とする聖なる書物です。マルコのシンボルはライオンで、彼が絵像に描かれるときには傍《かたわ》らにライオンがいることが多いです。またマルコが有翼《ゆうよく》のライオンとして表現されることもあります。

いまエジプトではイスラームが国教になっていますが、人口の一〇％近くはコプト正教会の信者といわれています。エジプトは七世紀にイスラーム化しましたから、そこから現在に至るまで、コプト正教会のたどった歴史は平坦なものではなかっただろうと推察されます。

ところで、ラー、オシリス、イシス、アヌビス等々、古代エジプトの神々はどこへ行ったのか、と気になる人がいるでしょう。古代の神々が現代エジプトで信仰されていることはありません……公的には。

3　日本国内のロシアとウクライナの正教会信者

アメリカのシンクタンクであるピュー・リサーチセンターが二〇一一年末に行った報告では、正教信者は世界で二億六〇〇〇万人です。日本で暮らす外国出身者のなかにも、もちろん正教会の信者がいます。最も多いのはおそらくロシア出身者です。

ピュー・リサーチセンターはロシア人口の七二％が正教信者であると報告しています。一九九一年のソビエト連邦崩壊時では三一％でしたから、ロシアは正教に回帰しているといっていいでしょう。二〇二三年一二月時点で日本国内に暮らすロシア人は一万一六三四人です。比率を単純にあてはめれば、八四〇〇人弱のロシア人正教信者が日本国内で暮らしていることになります。

ロシア人以外では、東ヨーロッパ出身者に正教信者が多いであろうことは予想できます。では、本稿執筆時点で日本国内に四〇〇〇人超が暮らしているウクライナ出身者はどうでしょう。この国では無信仰を自認する人が増えているようですが、信仰心があるならその七〇％は正教の信者とみてよさそうです。日本在留のウクライナ人のなかにも、一定数の正教信者がいることでしょう。

そのウクライナ人が日本で正教会に足を運ぶことを想像すると、少し心配になります。ウクライナは一七世紀の終わり頃からロシア正教会の管理下に置かれてきた歴史を持ちます。この状態はロシアがソビエト連邦になり、ウクライナが連邦を構成する国になっても続きました。そのソビエトが一九九一年に崩壊し、ウクライナが独立して、ウクライナ正教会が立ち上がってくるのですが、ロシアからの分離をアピールする正教会と、ロシアとのつながりを保持する正教会が並び立つようになりました。現在のロシアとウクライナの間の問題は、日本在住の両国の人たちの関係にも影響を及ぼしていると想像されます。同じ正教の信者同士なんだから、というわけにはいかないように思うのです。

以下も書き足しておきます。東京港区にある――イギリス国教会系の団体である――日本聖公会《せいこうかい》の教会で、ウクライナ人が定期的に祭儀を執り行っています。ロシアによるウクライナ侵攻の以前から行われているもので、日本国内に自前の施設を持たない在日ウクライナ正教会が主催しています。その正教会はロシアとは距離を置く側のようです。

4　日本国内のコプト正教会信者

日本のもう一つの正教・コプト正教会には、いうまでもなくエジプト人が通っています。教会は京都府木津川《きづがわ》市に、二〇一六年に開堂されたばかりです。その記念式典の模様を伝えるオンライン新聞『クリスチャントゥデイ』によると、エチオピア人やエリトリア人も列席していたそうです。

エジプトの南にあるエチオピアやエリトリアには古代からコプト正教が伝えられていました。現在のエチオピア人口の三分の二が帰属しているエチオピア正教会は、コプト正教会から分離しました。そしてエリトリア正教会はエチオピア正教会から分離したものです。もし日本にエチオピア正教会やエリトリア正教会があったなら、彼らはそちらに行ったのでしょうが、ないからコプト正教会にやって来たのでしょう。

そしてコプト正教会もまだ日本になかった頃には、キリスト教徒のエチオピア人もエリトリア人も、そしてエジプト人のコプト正教信者も、日本の正教会に行っていたようです。暮らしている地域に正教会がなかったからカトリックの教会に行っていた、という日本在住コプト正教徒のことを耳にしたこともあります。彼らにとって教会で祈ることが大切であることがわかります。

それにしても、(わずかの例外を除き)日本人の誰もが知らなかったに違いない京都での正教会開堂のニュースを、エジプト人コプト正教徒はもとより、エチオピア人もエリトリア人もキャッチしていたことに驚きます。あらためて、彼らの生活に信仰が欠かせないことに思いが至ります。同時に、彼らの間に情報の伝達経路が確立されていることがわかるでしょう。

5　ハリストスは一月七日生まれ

年末が近づくとクリスマスの賑《にぎ》わいが街を包みこんでいきます。家族で、友だちたちと、楽しい時間を過ごす大切な機会がクリスマスです。待ち遠しいですね。

こう書くと、クリスマスとは一年のなかの特別な「一日」を指しているかのようです。念のためいっておきますが、クリスマスは一二月二五日です。二四日はクリスマス・イブです。イブは「前夜」のことですから、本番の日のことも忘れてはいけません。

クリスマスは本来、イエスの誕生を祝うキリスト教の行事です。クリスマスとは「キリストChrist」と「ミサMass」。キリストはあの救い主キリストで、ミサはカトリック用語です。大半の日本人はキリスト教徒ではないですが、みんなが楽しくなるのならご誕生を祝わせていただきましょう。ちなみに、お釈迦様の誕生日は四月八日です。みんなでお祝いしてはいかがでしょう。

ミサという言葉は聞いたことがありますか。ミサの起源は「最後の晩餐《ばんさん》」です。イエスは十字架に磔《はりつけ》にされて死を迎えるのですが、捕縛《ほばく》される前に弟子（使徒）たちとともに最後の食事を摂《と》ります。そのときイエスはパンをちぎり弟子たちに与えて「食べなさい。これは私の肉である」と告げ、ワインを「飲みなさい。これは私の血である」といって与えました。この出来事を再現したものがミサで、カトリック教会では常に行われているものです。そしてイエスの誕生日に行われるミサがクリスマス。

前置きが長くなりましたが、日本の正教会ではクリスマスとはいいません。マス＝ミサというカトリック用語を使わないからです。正教では降誕祭《こうたんさい》といいます。もちろん正教でもパンとワインの儀式は行いますが、それは聖体礼儀《せいたいれいぎ》と呼ばれています。そして何より、降誕祭は年が明けた一月七日に催されるのです。

どうしてそうなるのかといえば、正教がユリウス暦を用いているからです。私たちが用いているのはグレゴリオ暦。どちらも太陽暦なのですが、紀元前四六年から使われ始めたユリウス暦が一年を三六五・二五日とするのに対し、一五八二年に導入されたグレゴリオ暦は一年を三六五・二四二五日としました。実際に地球が太陽の周りを一周するには三六五・二四二一八九日かかるそうですから、より正確な暦になったわけです。そのため一九〇一年から二〇九九年の間はユリウス暦の日付がグレゴリオ暦の日付より一三日遅くなります。正教はこのユリウス暦を使い続けていて、一二月二五日の誕生日は一月七日になるのです。

ですから、身近な外国出身者に「イブだから楽しもうよ」と誘って「私は違うんだ」と答えられたなら、その人は――宴会が好きではないタイプの人の可能性も否定できませんが――正教の信者である可能性大です。もっとも近頃では、一二月二四・二五日を老いも若きも、男も女も、仏教徒も神道信者も楽しむようになっていますから、その風潮に合わせて聖体礼儀を二五日に執り行う正教会も増えてきています。そして年が明けて一月七日にも行っているようです。

6　正教のいくつかの特徴

このように、正教には大半の日本人が知っているキリスト教とは異なるところがあります。外国出身にして正教の信者である隣人を知るために、違いをもう少しだけ確認しておきましょう。

まずは十字架の形です。単なる「十」ではありません。

次頁の上の図は六端十字架。斜めの線は足台です。下の図は八端十字架で、一番上の短い水平の線は「罪状書き」になります。聖書は「ユダヤ人の王、ナザレのイエス」と書かれていたことを伝えて

正教の十字架

います。ユダヤ人の王として（当時のユダヤ人たちを支配していた）ローマ帝国への反逆を企てたナザレ出身のイエス、ということです。それをラテン語にした頭文字が「ＩＮＲＩ」となります。磔刑のイエスを描いた絵画のなかに、この四文字を見たことがあるのではないですか。

次に教会の内部を思い浮かべましょう。ステンドグラス越しの陽の光が、ずらり並んだ長椅子に座る信者たちを照らしています。正面の一段高い内陣には十字架の上のイエスの像が見え、聖母マリアや天使の像も見えます。荘厳なパイプオルガンの音色が聞こえてきました……実はこれはカトリック教会のイメージです。プロテスタント教会は装飾性において質素で、そこにイエス、マリア、使徒たち、天使たちの像はありません。あるのはシンプルな十字架のみ、が基本です。

正教会の内部はカトリックと同じく華麗ですが、そこに長椅子はずらっと並んでいません。信者は立ったまま祭儀に加わるのです。パイプオルガンをはじめ、楽器の音色は聞こえてきません。伴奏のない聖なる歌が聞こえてきます。また立体的な像よりむしろ、絵像が目に入ってきます。それをイコ

正教会での祈り（大阪ハリストス正教会生神女庇護聖堂／大阪府吹田市）。日本における正教の歴史を拓いたニコライは使徒に次ぐ者として「亜使徒」と称されますが、彼は正教用語の日本語への翻訳にあたり、他教派の翻訳を参照することに消極的でした。そして漢学を修めた日本人信徒に協力を仰ぎ、荘重な響きの言葉を選んでいったことから、日本正教会では独自のキリスト教用語が使用されています。生神女《しょうしんじょ》はその一つで、これは「神を生みし女」、すなわちイエスの母マリアのこと。日本正教会では「聖母」という言葉を用いないのです。吹田市の聖堂内には日本初のイコン画家として名高い山下りん（1857 ～ 1939）による生神女像が掲げられています。

ンといいます。スマホやパソコン画面に現れる小さな絵であるアイコンは、元をたどればこのイコンです。そしてイコンが数多く飾られた壁が真正面にあります。イコノスタシス（イコノスタスとも）で、日本では聖障《せいしょう》と呼ばれているものです。聖障の向こう側は至聖所《しせいしょ》になっていて、司教や補助者以外は立ち入れません。

正教の司祭に奥さんがいても驚かないでください。カトリックでは聖職者の結婚を認めていませんが、正教では叙聖《じょせい》――カトリックでは叙階《じょかい》といいます――つまり聖職者への任命が行われる以前であれば結婚できるのです。ですから神父さんに子どもさんがいることもあるのです。

そして神父という言葉はカトリックでも正教でも用いられることも知っておきましょう。神父は司祭に対する敬称です。プロテスタントで用いられるのは神父でなく牧師ですが、これは敬称というより、信者を指導する職にある人を指しています。

十字の切り方の違いにも触れておきます。カトリックでは五本の指で「頭・胸・左肩・右肩」の順です。正教は親指・人差し指・中指の三本の先端を揃え、「頭・胸・右肩・左肩」の順番で行います。

ここまで記してきた「違い」は基本形です。世の常として、実際にはバリエーションがあります。たとえば日本で唯一のコプト正教会には長椅子が並んでいます。教会の建物は在日のコプト正教信者たちによって購入される以前、プロテスタントの教会として使われていたものでした。その名残の長椅子なのでしょう。その椅子に多くの信者たちが座るのは毎月一度の聖体礼儀が行われるときだけです。

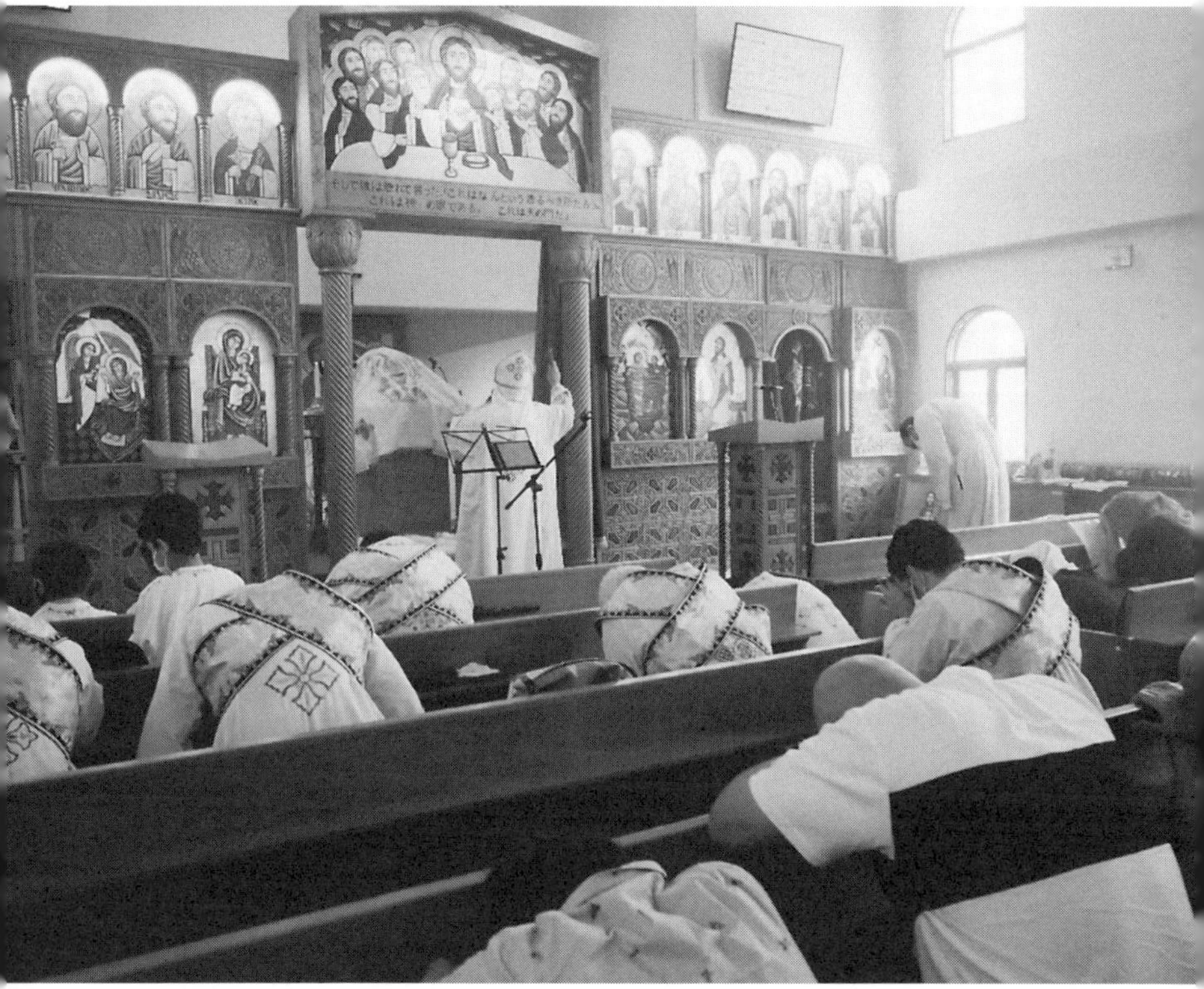

正教会での祈り（聖マリア・聖マルコ・コプト正教会／京都府木津川市）。写真は2022年6月にオーストラリアから司祭を招いて催された聖体礼儀の様子。30～40歳代の男女、そして彼らの子どもたちの姿が目立っていました。優に2時間を超えた──予想以上に長かった──祈りの時間の後は、上階に移動して皆でエジプシャンな昼食をいただきました。終了後、扉を開けて外に出れば、そこは日本。

7　教会で形成されるつながり

エジプトにあるコプト正教会には毎日、そして毎週末、多くの信徒たちが姿を見せるのでしょうが、日本の教会に大勢が集まるのは月に一度だけです。司祭が祭儀を執行する月に一度の日曜に、集まって来るのです。木津川市の教会に司祭は常駐していません。司祭は日本の教会が所属しているコプト正教会オーストラリア管区から、遠路やって来るのです。

これを知ると、「大変だなぁ」と思うでしょう。そもそも日本在住コプト正教信者すべてが京都周辺に住んでいるわけではありません。時間と労力をかけて教会にやって来る信者は少なくありません。また、決して多いとはいえないコプト正教会の信者が協力して教会を運営しているのですから、一人あたりの経済的負担も小さくないと推測します。司祭に毎月来日してもらうには費用がかかるでしょうし、さらに日本に常駐してもらおうとするなら、なおさらです。

それでも、月に一度とはいえ教会に行けばみんなに会えるのだから苦労もたいしたことはない、と思えるようです。苦労に勝《まさ》る喜びを、宗教が与えてくれるのだと思います。

教会でみんなと一緒に祈りの時間を過ごした後は、フロアを移動して会食です。信者が持ち寄った料理を参会者たち全員でいただきます。私もここで、人生初めてのコシャリを味わいました。米にパスタとマカロニを加え——炭水化物満載です——レンズ豆とヒヨコ豆をのせ、フライドオニオンとトマトソースをかけ、混ぜて（コシャリして）食しました。エジプトの国民食だそうです。一瞬ですが、エジプトにいる気分になれました。

私はコプト正教会でたくさんのエジプト人と（もちろん日本語で）言葉を交わしました。彼らは信仰によってつながっている穏やかな人たちでした。またハリストス正教会でも私はロシア人やベラルーシ人に出会い、アルメニア人の家族からも話を伺いました。正教に入信したばかりだという中国系オーストラリア人とも知り合いになりました。彼らもまた教会のなかで、言語や文化の壁を難なく乗り越え、つながり合っていました。ロシア人とウクライナ人も、簡単なことではないでしょうが、つながり合って日本で充実した日々を送ることを望みます。

正教の信者ではない日本人にとって、こうした出会いは普段の生活のなかでは経験しがたいものです。正教信者ではない私にとっても、興奮を伴う異文化体験でした。このような経験をすべての日本人にもしてほしいというのは、無茶な話かもしれません。しかし、もし機会があるなら、躊躇《ちゅうちょ》せずに是非。降誕祭や復活祭あたりが、行きやすいのでは。

外国出身の人たちとの出会いの経験によって、私達一人ひとりがつくり上げてきた世界観が書き直されることになるかもしれません。いまの世界観よりもずっと大きな世界観の持ち主へと、変わっていくかもしれません。未知なるものとの出会いが、ちょっといい未来へとつながっていくことを望みます。

第2章 日本で迎えるみんなの記念日
――カトリック

1 日本人と結婚式とキリスト教

これを読む人が独身なら、将来結婚することがあるかもしれませんね。それにあたり、結婚式は挙げられるでしょうか。挙げるなら、何式でいきましょうか。やはりキリスト教式ですか。キリスト教の信者でもないのにキリスト教式はなぁ、という人には、大丈夫ですよと答えておきましょう。現在、日本で行われる結婚式の過半数はキリスト教式です。キリスト教徒は日本の全人口中の一％程度に過ぎないのに、です。二一世紀になる頃にはもう、キリスト教式が神道式を抜いて、第一位になっていたのではないでしょうか。

石造りの教会堂のなか、美しいステンドグラス越しに入ってくる陽の光に包まれ、聖母マリア様に見守られながら、青い目の神父さんの「永遠の愛を誓いますか？」というたどたどしい日本語に「誓います」と答えている新郎新婦。ロマンティックな映画のワンシーンのようです。ただ、こんな感じの結婚式を挙げたいと思っている人には申し訳ないのですが、もうちょっと考えてみましょうか、といわなければなりません。ここで描かれたイメージは多分にカトリック的なものだからです。

キリスト教は大きく、カトリック（旧教）とプロテスタント（新教）そしてオーソドクス（正教）に分けられます。プロテスタントとは、歴史の教科書で学んだように、一五一七年の宗教改革以降に続々登場したキリスト教のニューウェーブの総称です。オーソドクスは一〇五四年のキリスト教の東西分裂以降の、東方のキリスト教。そしてカトリックはイタリア・ローマのヴァチカンを総本山とする西のキリスト教で、三派のキリスト教のなかの最大勢力です。

カトリック教会の敷地に足を踏み入れると、幼子イエスを抱きかかえた聖母マリア像が目に入ってくるかもしれません。教会堂内に入れば、ステンドグラスが美しい窓。正面の十字架の上には処刑された痩せたイエスの姿を見るでしょうか。壁面にはイエスの生涯のいくつかの場面の——絵画あるいは木彫の——造形が配置されていることもあります。その厳《おごそ》かな空間のなかで神父さんはミサを執り行い、列席者にキリストの血であり肉である葡萄酒《ぶどうしゅ》とパンを授けるのです。

しかしながら、授けられるのは信者に限られています。ミサという言葉もカトリック限定です。同様に、カトリック教会での結婚式は、少なくとも新郎新婦の一方が信者であることを条件とするのが原則です。結婚はカトリック教会が重視する七つの秘跡《ひせき》（サクラメント）のうちの一つだからです。秘跡とは神の恵みを人々に与えるための儀式のことで、葡萄酒とパンを分かち合う——つまりミサ——聖体の秘跡や、水によって新たに生まれる洗礼の秘跡等があり、望めば誰にでも神父は結婚の秘跡を授けてくれる、というわけにはいかないものです。

カトリック玉造教会（大阪高松カテドラル聖マリア大聖堂／大阪市中央区）内部。中央は堂本印象《どうもといんしょう》の筆による聖母子像。和装のマリアが幼子イエスを抱いています。明智光秀の娘として生まれて細川忠興《ただおき》に嫁ぎ、キリスト教に改宗したガラシャゆかりの地に建つ教会では、彼女の辞世の句碑や像、さらにはキリシタン大名として知られた高山右近《うこん》の像を見ることができます。また聖堂に隣接する大阪高松大司教区の建物には、人権尊重と世界平和実現を目指して活動する団体・シナピスの事務局が置かれています。

とはいえ、カップルのどちらもが信者でなくても司式《しき》することを引き受けるというケースが、実は少なからずあるようです。ただその場合、神父さんが司式することを承知してくれることが必要です。また事前に「結婚講座」を受講する必要もあります。結婚することのキリスト教的な意味を学ぶことが求められるのです。本来なら非信者お断りの結婚式ですが、カトリック側が譲歩してきたようにみえます。カトリックを非信者にも身近に感じてもらおうという意図があるのでしょう。

ですから、既述イメージのキリスト教式結婚式を計画しているカップルには、このことを事前に知っておいて欲しいと思います。カトリック教会側のスケジュールが空いていれば即予約可能、というわけではないのです。面倒なことは嫌だし早く式場を決めたい、またイエスの像やマリアの像、ステンドグラスがなくても気にしないというカップルは、プロテスタント教会での挙式を計画してください。

2　会堂内の死せるイエス像

カトリック教会にある磔刑《たっけい》のキリスト像を思い浮かべてください。痩せた半裸のイエスが冠状の荊《いばら》をかぶせられ、両手両足を太い釘で十字架に打ちつけられて、槍《やり》で突かれた個所から血を流し、苦悶《くもん》の表情を浮かべて亡くなっている、という像です。こんな凄惨《せいさん》なものがなぜ、教会のなかにあるのでしょう。聖なる空間とむごたらしさの組み合わせは、私たちの普通の感覚では理解しがたいものです。

しかし、これこそがキリスト教です。イエスの痛み、苦しみを決して忘れることのないよう、その姿が造形されて人々に示されているのです。

新約聖書に、イエスが十字架上で息絶える前に「成し遂げられた」と話したとあります。神と人間との新しい契約、つまり「新約」が成し遂げられたと解釈できるようです。では、どんな契約がどのようにして成就したのでしょうか。私は非信者ですが、こう理解しています。

人間は神によって造られたのに、神を忘れて傲慢《ごうまん》になっていきました。そこに「悪」という存在を想定してみましょう。「悪」が堕落《だらく》という名の生物兵器（ウイルス）を開発し、それに人間を感染させていったと考えてみます——このように考えると私にはイエスの死の意味が理解しやすいので、このまま続けます。

神は罪深くなってしまった人間を見捨てず、人間を治療するよう「悪」に求めます。治療法を知っているのはウイルスを製造した「悪」だけだからです。これに対する「悪」の返答は、神が最も大切にしているものと引き換えならば、というものでした（と私は想像します）。神の子イエスの血であり生命を代価として支払え、ということです。その求めに応じる程に、神は人間を愛していました。かくしてイエスは十字架の上でむごたらしい死を迎え、人間は癒《いや》され、救われたのです。

以降、人間は「悪」のウイルスに感染しないよう、神だけを信じて清らかに生活することを約束し、神は人間を愛することを約束（契約）し合って現在へと至ります。こうなるためには自分が犠牲《ぎせい》にならなければならないことを、イエスはわかっていました。わかっていて恥辱を受け、暴力にさらされ、十字架上で絶命します。どれほど辛く、痛く、おそろしく、悲しかったことでしょう。イエスの極限状態に思いを馳《は》せましょう。この救い主がいて、いまの私たちがいる。このことを私たちが決して忘れることがないよう、イエスの死の姿が造形されているのです――納得しがたいなぁとか、ちょっと違うんじゃないの、という人は是非とも専門書を紐解き、専門家のもとへ足を運んでください。

3　カトリックとプロテスタントの違い

さて、元に戻って、ではなぜプロテスタント教会には磔刑のキリスト像もマリア像もないのか、ですが、宗教改革の原理は「聖書のみ」「信仰のみ」だったと教科書か参考書に書いてあったことを思い出してください。

旧約聖書のなかに十戒《じっかい》、つまり人間に対する神の十の命令が書かれていますが、そのなかの一つに偶像崇拝《ぐうぞうすうはい》の禁止がありました。また聖書に、マリア様も拝みましょうねと記した箇所はありません。崇拝すべきは「父と子と聖霊」、つまり父なる神と子であるイエス、そしてその尊き存在の働きである聖霊だけ、とするのが一般的です。父と子と聖霊とは神の三つの現れのことで、それぞれ別々のものではなく一体、つまり三位《さんみ》一体《いったい》というわけです――三人で力を合わせて頑張ることではありません。そして信仰するにあたって、窓ガラスが美しく装飾されている必要はありません。プロテスタント教会が概して装飾性に乏《とぼ》しい理由はこれです。大切なのは聖書に学んで信仰を深めることだからです。

じゃあなぜプロテスタントにないものがカトリックにはあるんだ、という問題が残りますが、私にはお手上げです。どうやらいろいろある、らしいです。専門書にあたってください。そしてプロテスタント教会にもいろいろあるのですが、それはさておき、概して、非信者が教会で挙式することに寛容であるようです。

それでも式場に華麗《かれい》さが欲しい、というカップルには結婚式に特化した聖なる空間（式場）が全国にたくさんありますから、そちらを選んでください。程よい荘厳《そうごん》さが演出されているはずです。式場を運営しているのは事業者ですから、式場利用にあたりキリスト教信仰のあるなしを問われることはありません。事業者が契約しているプロテスタントの牧師さんたち――カトリックの神父さんにありますが司式してくれることでしょう。

ここまで、キリスト教式結婚式を話題にしてきました。同じキリスト教とはいえ、カトリックとプロテスタントでは異なる部分の大きいことを伝えるためです。キリスト教徒だという私たちの目の前の人物が、イエスの母マリアを信仰していると思い込んではいけません。

この程度で両者の違いを言い尽くせるはずはないのですが、きりがないし私の能力も足りないので、このあたりにしておきましょう。そして本章は以降、カトリックに照準を合わせていきます。

4　ヴァチカンと修道会と

前節でイエスの死について解説のようなことをしましたが、本章がカトリックという宗教の神学に向き合うことはありません。ここで私がカトリックに照準を定めて行おうとしているのは、客観的な事実を示すことです。

まずは数値から。ヴァチカンの発表によれば、二〇一九年末時点でカトリック信者は世界に一三億四四四〇万三〇〇〇人だそうです。前年からは一五四一万六〇〇〇人増えています。この時代にこんなに増えるなんて、と意外かもしれませんが、世界人口が前年比八八〇〇万増ですから、驚くほどのことではありません。カトリックでは幼児洗礼といって、七歳未満の子どもに聖水を注いで洗礼を施し信者の仲間入りをさせることが一般的です。カトリックのカップルが新しい生命を授かったなら、その生命の数だけ信者が増えると捉えて大きく間違うことはないでしょう。世界人口中にカトリックが占める割合は同年で一七・七四三％となっており、前年からほぼ変化していません。

ヴァチカンとは「教皇聖座《きょうこうせいざ》」というカトリック総本山のことであり、世界最小の国「ヴァチカン市国」のことでもあります。二〇一八年時点の市国の人口（ヴァチカン国籍の保有者）は六一五人で、彼らは聖職者や修道者たちです。国籍を有せず市国に居住する者も二〇五人います。元首フランシスコはアルゼンチン出身で、第二六六代教皇です。初代教皇はイエス・キリストに「人を獲る漁師にしてやろう」といわれて弟子（使徒）になった元漁師のペテロでした。このペテロが殉教《じゅんきょう》した地がヴァチカンです。

このヴァチカンの傘下《さんか》にある日本のカトリックは、組織的にはカトリック中央協議会によって代表されます。そして中央協議会の下に、教区と修道会《しゅうどうかい》が位置しています。教区は北海道から沖縄まで、全部で一五あります。

修道会はたくさんあって、男子修道会と女子修道会とに分かれますが、歴史の授業でおなじみのフランシスコ・ザビエルを創立メンバーとするイエズス会はそのうちの一つで、上智大学をはじめ有名な高校を運営しています。女子修道会の実例として、日本で設立された聖母の騎士修道女会を挙げてみましょう。餓死刑を宣告された収容者の身代わりになったことで「アウシュヴィッツの聖者」と呼ばれるコルベ神父の精神に倣《なら》い、九州で障碍者《しょうがいしゃ》施設や老人ホーム、幼稚園等を運営している団体です。

なお女子修道会は一般にシスターと称される修道女のものですが、シスターたちはミサを行う権限を持っていないことも付記しておきましょう――信仰に生きる男女は平等ではないようです。ともあれ修道会は私たちの身近で、教育や出版、福祉等々の活動に従事しているのです。

5　日本のカトリック

二〇二二年一二月三一日時点で、日本のカトリック信者数は四二万二四四五人を数えています。一九九四年末時点では四三万五八二三人、二〇〇九年末時点の四四万九七〇四人がピークで、減少傾向を見せつつ現在に至ります。もちろんこうした傾向は日本ではカトリックだけのものでなく、プロテスタントにも、神道や仏教にも見出せることです。信者の高齢化もまた、共通した傾向といえるでしょう。

とはいえ近年、国内のカトリック教会から若やいだ声が聞こえるようになってきました。声の主は日本人ではなく、外国出身者です。

二〇二三年末の在留外国人の数を国籍別でランキングすると、中国・ベトナム・韓国に次いで三二万二〇四六人のフィリピンが第四位となりますが、フィリピンでは国民の八〇％以上がカトリックです。五位にあたるブラジルでもカトリックは――プロテスタントの急増で減少傾向にありますが――国民中の三分の二を占め、一一位のペルーでも本国のカトリックの比率は八〇％を超えています。さらにベトナムには、かつてこの地を統治していたフランスの影響により、カトリック信仰がある程度根づいていました。

こうした国々から来日したカトリック信者が、日本の教会に足を運んで来ます。彼らは働くため、あるいは学業のために来日した人たちですから、総じて若いです。（高齢の）日本人信者たちと若い外国出身の信者が並んで祈る様子は、さすがに「普遍的・世界的」を意味するギリシャ語カトリコスに由来するカトリックです。

もっとも、言語を同じくする外国出身信者が数多く集まるようになった教会のなかには、その言語でミサを行うところも現れてきました。かつて外国語ミサといえば英語によるものが普通でしたが、いまはスペイン語、ポルトガル語、タガログ語、ベトナム語によってペルーやボリビア等の南米出身者、ブラジル人、フィリピン人そしてベトナム人のためのミサが執り行われています。

こういうことができるのも、様々な国の出身の聖職者（司祭）が日本の教会で活動しているからこそです。カトリック修道会の大半は外国に本部を持ち、世界中で活動を展開しています。本章冒頭にカトリックの結婚式で青い目の神父が司式するイメージを提示しましたが、その神父は日本に派遣されてきた人材として認識できるでしょう。そして近年では、日本で司牧《しぼく》する神父のなかにベトナム出身者やフィリピン出身者、南米出身者が増えてきました。日本で暮らす外国出身のカトリック信者は、同国人の神父が母語を用いて行うミサに参列することで心安らいでいることでしょう。まして聖堂のなかにいるのは、同じ国から来日してきた人たちです。心強いことでしょう。

インドネシア語のミサを週に一度行っているカトリック教会があることも追記します。インドネシアでは人口の九割近くがムスリムです。そんなイスラーム大国のなかでは少数派のカトリック教徒が日本に来て、インドネシア語のミサが行われる教会のあることを知ったとき、居場所を見つけたと安《あん》堵《ど》したことだろうと想像します。言葉だけでなく信仰も共有できる仲間と出会えて、力づけられたのではないでしょうか。

外国出身者の日本での暮らしが信仰によって支えられているようです。インドネシア人カトリックの場合にはとくに、このことが該当しそうです。

6　カトリック国の独自行事（1）　メキシコの死者の日

ミサの多言語化について記しました。日本語以外でのミサは出身国を同じくする人たちが集まり来る機会になって、そこで彼らは連帯感を育《はぐく》んでいるに違いありません。そしてこのミサ以外にも、同じ国の人たち（だけ）が集まる機会が日本のカトリック教会にありました。調査研究のために教会に足を運んでいるうち、このことに気づきました。

神への信仰は同じでも、信仰を表現する機会や方法まで完全に世界均一ではありません。人によって異なるのは当然ですが、国によっても微妙な違いがあります。それを知っていただくために、まずディズニー（ピクサー）映画を例にとりましょう。

二〇一七年製作の『リメンバー・ミー』という、メキシコを舞台にしたアニメをご存じでしょうか。メキシコは人口の八～九割がキリスト教徒で、その大半がカトリックという国です。映画のなかには骸骨《がいこつ》キャラがたくさん登場してきました。粗筋には触れませんが、この物語の舞台が死者の国だったことを確認しておきましょう。そしてこの国に主人公の少年が迷い込んだのは「死者の日」のことでした。

毎年一一月一日と二日はメキシコ全土で死者を偲《しの》び死者に感謝する日になっています。メキシコには古代から祖先の骸骨を飾る習慣があったところ、一六世紀前半からスペイン人が入植を始め、カトリックがメキシコにもたらされました。カトリックでは一一月一日を諸聖人の日（万聖節 All Saints' Day）、一一月二日を死者の日（万霊節 All Souls' Day）と定め、過去の聖人たちや死者たちを思い起こしてきました。このカトリックの記念の日とメキシコの伝統文化が結びついたのが現在のメキシコの国民的行事です。

メキシコ以外のカトリックの国の死者の日に、街が骸骨で装飾されることがあるでしょうか。日本のカトリック信者も、死者の日だからといって骸骨を飾りつけることはないでしょう——ただし日本在住のメキシコ出身者（二〇二三年末時点で三五〇四人）は別でしょうけれど。

7　カトリック国の独自行事（2）　ペルーの奇跡の主の祭り

日本に在留する外国出身のカトリック信者のなかに、母国の独自のキリスト教行事を大切にしている人たちがいます。二〇二三年末時点で四万九一一四人が在留するペルー人です。毎年一〇月、ペルー全土では「奇跡の主の祭り」が催《もよお》されていますが、この祭りは日本に移り住んだペルー人によっても開催されるようになっています。

一六五一年、アンゴラ出身の敬虔な黒人奴隷がペルーの首都リマのパチャカミージャ地区にある集会所の煉瓦壁に「磔刑のキリスト像」を描きます。この聖像が複数回の大地震にも崩れず、また祈る者に奇跡をもたらしたということで「奇跡の主」と呼ばれるようになっていきました。やがて聖像

奇跡の主の祭り（カトリック枚方教会／大阪府枚方市）。写真には男性によって担《かつ》がれた御輿《みこし》が見えますが、女性の担ぐ少々小型の御輿が登場し、男性御輿と並んでプロセシオン（行進）する会場もあります。この祭りは日本各地のカトリック教会を拠点に開催されていて、会場となる教会の数は徐々に増えてきているようです。

を模写した油絵が描かれ、それを据《す》え付《つ》けた御輿《みこし》が多数の信者に担《かつ》がれて街を巡行《じゅんこう》するようになりました。担ぎ手や随行する人々は紫の衣服を身につけ、街でも紫色が目立つようになっていくことから、聖行列のある一〇月は「紫の月」と称されています。

この祭りはペルー全土で行われており、日本に暮らすペルー人も一九九一年に日本で初めてこれを執り行うようになりました。いまでは日本の各所で開催されるようになっていますが、おそらく大半の日本人はこの事実を知りません。行列がつきものの祭りで、当初は教会を出て街へ練《ね》りだしていたようですが、交通の妨《さまた》げになる等々のクレームが届くようになったために、教会敷地内でひっそり行われるようになっているからです。

それでも長く開催され続け、さらに国内の開催場所も増えてきている現実からは、在日ペルー人たちの熱い思いが零《こぼ》れ落ちてきます。彼らは自分たち（だけ）の記念の日に教会に集まって祈り、大勢で祖国に思いを馳せ、祖国との絆を結び直しているように見えます。

8　根づくか、フィリピン守護聖人の日

日本在住のカトリックのフィリピン人も、彼らだけの大切な日を過ごしているかもしれません。その日とは、聖ロレンソ・ルイスの記念日である九月二八日です。

カトリックでは「聖人」が神と人間とを仲介する存在として崇敬《すうけい》されています。ある人が神の僕《しもべ》に

ふさわしい人柄を持ち行動したと判断され、あるいは殉教したことを認定され、さらに複数回の奇跡があった場合に、その人物は（長い審議を経て）列聖されます。

チョコを贈る日でおなじみの聖バレンタインは殉教していますし、聖フランシスコ・ザビエルは奇跡を起こしています――ミイラ化したザビエルの遺体の右腕から出血したとか。サンフランシスコもサンパウロも、もちろんサンタクロースも、みんな聖人の名前ですよ。そしてロレンソ・ルイスは一九八七年に、フィリピン人として初めて聖人に認定された人物なのです。

ロレンソは一六三七年に日本で殉教しました。島原《しまばら》の乱が起こった年です。江戸幕府が鎖国体制を完成させようとしているその時期に日本での宣教に挑んだドミニコ会宣教師や修道士・修道女・信徒たちとともに捕縛《ほばく》され、拷問《ごうもん》を受け、処刑されたのです。この間の殉教者たちは日本では「聖トマス西と一五殉教者」と呼ばれていますが、日本以外では「聖ロレンソ・ルイスと同志殉教者」として知られているようです。

いま聖ロレンソ・ルイスはフィリピンと（フィリピンの国内外で暮らす）すべてのフィリピン人の守護聖人とされています――日本の守護聖人が誰かは想像できますね。日本で暮らすフィリピン人たちは自分たちの聖人に親しみ、誇りに思っているのではと推測されます。列聖されたのが二〇世紀も終わりに近づいてのことなので、フィリピン人の間でどれほど認知され定着しているのか、非信徒の日本人である私にはわからないのですが、フィリピン人の間で九月二八日は徐々に特別な日になっていく予感がしています。

国を同じくする人たちが日本で横のつながりを形成していく機会が、信仰することから生じています。外国出身者の知人に、皆さんにとっての記念日はいつですかと尋ね、そこに合流させてもらうのも日本国内でできる一つの異文化体験です。ご一緒させてもらうと外国料理をいただけるかもしれません。私は奇跡の主の祭りを見学し、ペルーのインカ・コーラを飲みながらアンティクーチョ（牛の心臓の串焼き）を食べました。

それにしても、聖母を讃《たた》え、聖人を崇敬し、その聖人それぞれに守護を担当する国や職業が決まっている——たとえば医師や画家は福音書記者ルカですし洗濯屋さんや写真家は聖ヴェロニカです——とするカトリックは、多くの神仏を拝んできた日本の宗教に似ています。日本人はカトリックに親近感を抱きやすいのではないでしょうか。

第3章　聖書に書いてあることはすべて正しい
――ブラジル福音主義キリスト教

1　海を渡っていった日本人たち

この章ではブラジル人の宗教を取り上げます。ブラジルで信じられているのは主にキリスト教ですが、霊的存在を重視するスピリティズム（心霊主義）や、スピリティズムとアフリカ系の宗教さらにはキリスト教とが混じり合って成立した宗教もありますし、日本の新宗教も信仰されています。なぜ日本の宗教が、と思われたでしょうか。もちろんブラジルに多くの日系人が暮らしているからです。ブラジルの日系人の歴史は百年以上前に遡《さかのぼ》ります。

一九〇八年四月二八日、七三一人の日本人を乗せた笠戸《かさと》丸《まる》が神戸を出港しました。シンガポール、ケープタウンを経由し、サンパウロ近くのサントス港に到着したのは六月一八日のことでした。日本人がブラジルに集団移住した第一弾です。

ブラジルへの移民船は一九七三年まで続き、その後も日本政府が公認するブラジルへの移民は一九九三年まで続いたということです。第二次世界大戦までに移住した総数は一八万九〇〇〇人、戦後も六万八〇〇〇人にのぼっています。移住者の子孫たちは日系ブラジル人としていま各界で活躍しており、現在その数はおよそ二〇〇万人といわれています。

余談になりますが、芥川賞の第一回受賞作品は石川達三《たつぞう》の『蒼氓《そうぼう》』です。一九三〇年にブラジルに向かう船に乗った人々の、神戸で過ごした日本での最後の八日間を描いたものです。蒼氓とは生い茂る蒼い草のような民のこと。無名の、しかも貧しい民たちです。彼らが人生を賭けて見知らぬ遠い大地へと向かったのでした。かつて日本は移民を送り出す国だったのです。

日本人の海外への集団移住について、余談を重ねます。日本人移民の子孫つまり日系人といえば、まずハワイが想起されるのではないでしょうか。確かに、ブラジルへの移住が開始される以前、日本人が目指したのは主にハワイであり、そして北米大陸でした。記録に残る最も古いハワイへの集団移住は「元年者」と呼ばれた人たちです。明治元年にサトウキビのプランテーションで働くため一五三人が移住したのです。その後、政府後援の本格的なハワイへの集団移住が一八八五年に始まり、以降盛んになって、いまハワイの日系人はハワイ州人口中のおよそ二割を占めるまでになっています。そして二〇世紀に入り、ブラジルにも多数の日本人が向かうようになるのです。

それにしてもなぜ、大勢の日本人が海を渡っていったのでしょう。一九〇八年に笠戸丸に乗り込んだ人の約四割は沖縄からで、次いで順に鹿児島、熊本、福島、広島の出身者たちが多かったようです。ブラジルのコーヒー農園で一定期間働く契約を交わし、家族単位で参加した人たちです。日本に居続けていては手にしえない報酬が得られることを期待して、期間終了後の帰国を夢見ながら。

沖縄出身者が多かったのは、移住先の気候が似ているからと移民会社——植民（殖民）会社とも——が沖縄での移住者募集に力を入れたため。また人口増加が顕著でありながら食糧不足が続くという当時の沖縄の状況も後押ししたようです。

そして人口増加と食糧不足（貧困）といえば沖縄だけのことではなく、日本全体が抱えていた難題でもありました。『蒼氓』に登場するのも秋田の貧しい農民たちでした。さらに日本の産業は人口急増に歩調を合わせるほどに発展しておらず、農村出身の若者たちが故郷を離れて都会に働く場所を求めようとしても容易には得られない、という状況がありました。

しつこいですが、もう一つだけ余談を。ブラジルへの移民としてアントニオ猪木《いのき》を思い出す人は少なくないのではないでしょうか。生家は石炭商でしたが、電気・石油へとエネルギーが転換していくなか家業が不振になって、ブラジルに一家一一人で渡り再起を図ろうとしたということです。アントニオ猪木一四歳の、一九五七年のことでした。コーヒー農園で奴隷のように働かされたと述懐しており、この時代でもそうなのであれば以前はもっと厳しい労働環境だったのだろうと想像されます。

2　南米の日系人たち

ブラジルに向かう船に乗り込んだ人々それぞれが新天地での生活に希望を託していたことでしょう。そして日本にとっても、貧しい余剰労働力を海外へ送り出すことは国策でもあったのです。その政府に対し、「棄民」政策だと批判がなされたことも付け加えておきましょう。さらに、私たちの先人が異郷で経験した辛苦に思いを馳《は》せつつ、借金までして日本に来て働いている若者たちがいま、私たちのそばにいることを思ってください。

ここまで、ハワイ（北米）やブラジルを日本人移民の目的地として記してきました。もちろん、他の国々にも日本人は渡っています。とくに中南米の国々に日本人は移り住み、人生を切り拓いていったのです。外務省が二〇一八年に刊行した『日本と中南米をつなぐ日系人』と題された冊子は、世界全体の日系人数が三六〇万以上にのぼり、この六割にあたる二一三万人が中南米に暮らしていることを記しています。ペルーには約一〇万、アルゼンチンには六万五〇〇〇、メキシコ二万、ボリビア一万四〇〇〇、パラグアイ一万、等々。日系人といえばハワイやブラジルだけではないのです。

いうまでもなく、ブラジルが世界で最多の日系人口を抱えています。そうなると日本の宗教がブラジルに進出していくのは自然なことです。ブラジルに所在する日本仏教の寺院は、移民一世の生家の檀那寺の属する宗派が進出して設けたものでしょう。新宗教がブラジルで信者を得ているのは、苦闘していた日本人移民が奇跡的な救い（ご利益）を欲したからではないでしょうか。

とはいえ、多くの日系人がキリスト教を受け入れていったことも想像に難《かた》くありません。ポルトガルに長く統治されていたブラジルではカトリック色が濃厚で、日系人がブラジルでの生活を円滑にしようとするならマジョリティの信仰を受け入れることは有効だったと考えられます。またブラジルで育った第二世代が一世よりもキリスト教に順応していったことも確かなことです。彼ら若い世代の帰属意識は、一世に比べ、日本よりもブラジルに傾いていたでしょう。そして家の宗旨よりもカトリックを選び、ブラジル国民になっていったのです。ブラジル以外の南米の国々への日本人移民についても同様です。南米のどの国もカトリック信仰が盛んな国々だったのですから。

この日本からの移民の子孫たちに日本の産業界が注目します。日本で労働力不足が深刻になってきたからです。

3　日本に渡ってきた日系人たち

労働力不足問題の原因は、少子高齢化によって労働人口が減少してきたこと、また高学歴化によって人々の価値観が変わってきて、敬遠される業界・業種が浮き彫りになってきたこと等、いくつも指摘できます。しかしここでは原因を深掘りしません。不足する労働力を補う存在として期待された外国人に目を向けます。その外国人のなかに南米の日系人が含まれていました。

既に一九八〇年代半ばに、日系一世を雇用する事業者が現れていました。雇用されたのは主として、一九七〇年代から八〇年代にかけてブラジルに移住していた働き盛りの人たちです。ブラジルの日本語新聞に掲載された「日本が働き手を募集している」との広告に応じてのことでした。日本国籍を持っていた彼ら一世たちなら、日本に戻って働くことに法的な問題はありません。また、そうした一世の家族も「日本人の配偶者等」という在留資格によって日本で就労することができました。当時のブラジル経済は破綻《はたん》し始めており、社会的にも混乱の渦中にあったため、一世やその家族からすれば日本に「デカセギ」に行くことはむしろ必要なことでした。

彼ら一世の働きぶりへの高い評価が呼び水になったのかもしれません、日本は一九八九年に「出入国管理及び難民認定法」を改定することになります（一九九〇年から施行）。ポイントは在留資格「定住者」の新設で、日系三世までとその家族に、この資格において日本での居住と就労の自由を認めるというものでした。日系人なら日本語を知っているし日本文化に親しんでいるだろうからカルチャー・ギャップに悩まず働いてくれるだろう、との予測があったと思われます。

一九八〇年代後半から九〇年代前半にかけて、ブラジルはハイパー・インフレーションに悩まされていました。ハイパーは「上」とか「超越」という意味ですから、恐ろしいほどの物価上昇だったようです。人々の生活は苦しく、そのため治安も悪化していました。そうなれば国外に脱出することを考えるのは自然なことです。ブラジル人を日本に向けてプッシュする要因と、ブラジル人を日本に呼び寄せるプル要因が揃っていたのです。

来日したブラジル人のほとんどは集合住宅に暮らしました。ブラジル人と日本企業とを仲介する業者が準備した住居です。あるいは、ブラジルの新聞に募集広告を載せた日本企業が用意した社宅です。そして住居と職場の間の送迎を仲介業者や日本企業が行いました。住居近辺にはブラジルの食材を売るショップが開店しており、買い物はそこへ行けば事足ります。このため一般の（ブラジル人たちの職場の関係者ではない）日本人がブラジル人たちと交流する機会はあまりなく、この状態を社会学者は「顔の見えない定住化」と表現していました。
その彼らが週末に、定期的に足を運んだのがキリスト教会です。

4 ブラジルのキリスト教

既に記したように、ブラジルの宗教の主なるところはカトリックです。ブラジル全人口中の九〇％以上はカトリックだったのです。とはいえこれは過去の話で、その割合は低下してきているのが現状です。対照的に増えているのがプロテスタントです。

プロテスタントはいくつもの派に分かれていますが、とりわけ注目すべきは福音派《ふくいんは》です。二〇世紀初頭のアメリカに興ったニューウェーブがこれで、エヴァンジェリカル――ブラジル公用語のポルトガル語ではエヴァンジェリコ――と称されるグループと認識してください。有名なアニメを思い出してしまいますが、アニメはキリスト教とは無関係でしょう……ただあのアニメには「使徒《しと》」とかも出てきました……どうなっているのでしょう。ともあれエヴァンジェリコは、ブラジルではペンテコステ派と（ほぼ）イコールのようです。

ではペンテコステとは何なのか。新約聖書中の「使徒言行録」第二章冒頭に、

五旬節の日が来て、一同が一つになって集まっていると、突然、激しい風が吹いて来るような音

が天から聞こえ、彼らが座っていた家中に響いた。そして、炎のような舌が分かれ分かれに現れ、一人一人の上にとどまった。すると、一同は聖霊に満たされ、〝霊〟が語らせるままに、ほかの国々の言葉で話しだした。

とあります。ペンテコステとはギリシャ語で五〇日目の意。イエスは十字架の上で金曜日に死に、三日目の日曜に復活して天にあげられるのですが、その復活から五〇日目です。この日に起きた「聖霊《せいれい》降臨《こうりん》」と呼ばれるエピソードから、ペンテコステ派とは聖霊の働きを強調するグループであると捉えればいいでしょう。そして「異言《いげん》」を重視するグループです。異言とは「霊が語らせるままに」口から出る言葉のこと。

紛らわしくなりますので、以下では福音派（主義）とペンテコステ派を並記せず、福音派・福音主義でまとめます。そしてくどくなりますが、福音とは何かについてもここで字数を費やし、理解を深めていただこうと思います。

5　福音主義・福音派とは

この章はブラジルの福音主義を述べようとしているものですが、福音主義はアメリカでも大いに支持されています。そしてアメリカの福音主義は大統領選挙をはじめ国政に大きな影響を及ぼしうるものです。福音主義のことを知らないで現代アメリカは理解できません。福音は世界の現状と行方を考えるためのキーワードにもなりえます。ですから、少々くどく。

福音とは、人々に喜びと救いをもたらす良い知らせのことです。さらにいえば、十字架上で人々の罪を背負って死に、そして復活したイエス様が救い主ですよ、という知らせです。そのイエスの言行を記録した四福音書――マタイ・マルコ・ルカ・ヨハネによる福音書――を中心とする聖書こそ至上のものですよ、とする立場が福音主義といえます。そしてこの立場に立つグループが福音派。

ついでながら、福音はゴスペルともいいます。アングロサクソンの（つまりはイギリス系の）言葉で、「good story」という意味を持つ「god-spell」に由来しています。ですからゴスペル・シンガーは宗教歌手です、本来は。

脇道にそれたので元へ。福音主義のスタンスですが、聖書に書いてあることはすべて正しい（聖書に書いていないならそれを信じることはできない）というものです。聖書にはイエスが死者を生き返らせたとか、水の上を歩いたことなどが書かれていますが、それは何らかのたとえ話ではなくて真実なのだ、と捉えるのです。科学的にはありえないよね、ということも真理として受け入れます。科学的であっても聖書に書いてあることと矛盾するようなら、受け入れられないのは科学的の方です。

アメリカ発祥の福音主義はブラジルに二〇世紀前半に進出してきます。その信者は着実に増えていったようですが、二〇世紀が終わりに近づくにつれ顕著な発展を見せるようになり、その勢いは現在も続いています。ハイパー・インフレを経験したブラジルですが、二一世紀を迎えようとする頃から経済状態も安定化してきて、いまや経済成長著しい国として――BRICSの一員として――世界に存在感を示していることは周知のことです。この上昇カーブを描いているときに福音主義が伸張しているのは興味深いところです。

福音派はいくつかの教団に分かれています。ブラジルでは、一九一一年に誕生した「アセンブレイア・デ・デウス教会」や、一九七七年創設の「神の王国ユニバーサル教会」――この新進の団体はネオペンテコステ派と呼ばれます――がよく知られています。これらの教団に属する教会はブラジル全土に散在しています。そして日本でも、ブラジル人の集住する地域に教会が設立されているのです。

6　在日ブラジル人の宗教

就労するために来日したブラジル人たちは空港に到着後、群馬県・静岡県・愛知県・岐阜県・三重県・滋賀県等に向かいました。これらの県は自動車産業を筆頭とする製造業が盛ん、ということで共通しています。そこで操業している工場群がブラジル人の労働力を求めたのです。

二〇二三年末現在、日本には二一万一八四〇人のブラジル人が在留しています。これまでの最多を記録した二〇〇七年の三一万六九六七人からはかなり減りました。リーマンショックといわれた二〇〇八年から二〇〇九年の世界的経済危機の煽《あお》りを受け、日本企業に解雇されたブラジル人が帰国を余儀なくされたからです。さらに二〇一一年の東日本大震災もブラジル人の離日を促すことになりました。ブラジル人の大半は非正規スタッフとして働いており、企業の業績が振るわなくなると真っ先に整理の対象とされたのです。見放されるのはいつの時代も、立場の弱い人からです（イヤな現実です）。

在日のブラジル人口の減少傾向は既に収束し、ここ数年は——日本に帰化されたブラジル人家族も少なくないはずですが——二〇万強を記録し続けています。この二〇万人がどのような宗教生活を送っているのか、統計データが存在しないためはっきりとはわかりません。とはいえ、調査研究を続けてきた私です。私のキャリアにもとづいて、おそるおそる次のように示します。

在日のブラジル人のなかで、教会にも寺にも神社にも行かない人たち——要は無信仰者たち——が多数派です。日本人と同じです。宗教施設に定期的に通う人たち——要は信仰者たち——に限定していうなら、日本の寺や神社の信者といえる人はほぼおらず、新宗教信者がわずかながらいますが、これは在ブラジルの頃からの信者がほとんどだろうと推測されます。日本に来てから入信した、ということではなさそうです。

そしてキリスト教徒です。福音主義教会の信者とカトリック教会の信者に分かれますが、信者数は福音主義教会信者の方がやや勝っているのではないかと思います。そうであれば、カトリックが多数派であり続けているブラジル本国とは逆です。

とはいえこれはあくまでも推測。数値が提示できません。エビデンス不足です。

7　日本のなかのブラジル教会

日本に暮らすブラジル人の宗教生活をもう少しリアルに感じていただくため、私がフィールドワークを行ってきた滋賀県に照準を合わせてみます。県による二〇二三年二月の発表によれば、県内ブラジル人は九二八一人を記録しています。県内在留外国人のうちの二五・七％を占め、国籍別では最多です。その彼らが集住する街にいくつかの福音主義教会が設立されています。

一体、いくつあるでしょうか。「Igreja（教会）」の看板に気をつけながら車を走らせ、ＳＮＳにアカウントを持つ教会を探し、あるいはブラジル食料品を扱うショップで聞き込みをして一八の教会を確認しました。見落とした教会がありそうですし、見つけた一八のなかに既に活動を休止した教会があるかもしれません。

約九〇〇〇の人口で福音主義教会が一八ということから、滋賀を基準にブラジル人五〇〇に教会が一つと計算するなら、いま全国におよそ四二〇のブラジル福音主義教会が活動していることになります。が、この数字は実際より多いとは思います。とはいえ、各地をくまなく調査して総数を確かめることは至難です。

ですから参考として、日系の研究者であるラファエル・ショウジによる二〇〇八年――ちょっと古くなりますが――の推計を挙げておきます。日本全国でブラジル福音主義の牧師はおよそ三五〇名、教会数一四七だそうです——私は、これは実際よりも少ないのじゃないかと感じています……エビデンスがないのですが。

ブラジル人たちが日本での暮らしを始めた頃、ブラジル福音主義教会は国内に存在しなかったはずです。それが次々に設立されていったのは、日本で暮らすブラジル人にブラジルから福音を伝えたいという教団側の意向があったからでしょう。ですが、それだけではありません。日本で働くブラジル人が福音主義を求めたという側面もあるのです。設立された教会がいまも閉鎖されることなく信者を集め続けているのは、ブラジル人に宗教的なニーズがあって、それに教会が応えているからなのでしょう。

悩んで神仏に頼ることは日本人でも普通にあることです。ましてキリスト教信仰の篤《あつ》いブラジルから来日してきたブラジル人たちです。日系とはいえ彼らは、日本で暮らし働くなかで、想像とは違った日本の現実に戸惑いを覚えることがあったでしょう。彼らが宗教を頼ることになったとしても何の不思議もありません。おそらく来日後に福音主義に目を向けるようになったブラジル人は相当数にのぼると推測されます。経済的な問題、家族の問題、心身の不調等々、悩みが教会に行くことで解消されたかどうかはわかりませんが、教会は少なくとも彼らの「安定」に貢献したのだろうと想像します。だから教会が続いているのです。彼らが惹かれた福音主義教会には、もう少し深掘りしてみる価値がありそうです。

その前に少しだけ追記しておきます。いうまでもなく日本にはカトリックのブラジル人も数多く暮らしています。来日後カトリック信仰から離れていったブラジル人も少なくないと思われますが、変わらず日曜にカトリック教会に通い続ける相当数のブラジル人がいます。彼らの存在により、高齢化著しい日本のカトリックの聖堂が若やいでいます。参列するブラジル人が非常に多い教会では、ミサをポルトガル語で執り行うこともあるようです。

また日本国内のカトリック教会であれ福音主義教会であれ、そこにペルー人やコロンビア人等の南米出身者の姿も見られることを付記しておきます。どこの国のどの地域出身かは問わず、就いている仕事が何であれ、信仰しているという点において人はつながっていくことができるのです。このつながりは「安定」を生むでしょう。

8　教会に行ってみた

私がこれまで礼拝集会に参加してきた滋賀県下のブラジル福音主義教会は、数えてみると六つありました。その様子を紹介します。

日本人は教会と聞けば、三角屋根に十字架をイメージするでしょうか。ブラジル教会の外観は様々です。なぜなら、建物は教会に改装される前はコンビニ・レストラン・倉庫・工場だったから。ポルトガル語の表記がないと教会とは気づかず、前を通り過ぎてしまいそうです。

気づきにくい理由がまだあります。十字架が見当たらないことが珍しくないのです。キリスト教会

ブラジル福音主義キリスト教会（滋賀県東近江市）の外観。以前は工場であったか、倉庫であったのか、外観からこの建物がキリスト教会であると気づく日本人はほとんどいないのではないでしょうか。日本人へのアピール力の弱さは、画面左端に見える十字架の小ささからも察せられるでしょう。とはいえポルトガル語がわかる人は、この建物への興味が俄然高まるはずです。壁面の文字 MISSÃO とはミッション、つまり使命あるいは伝道団体のこと。APOIO とは支援です。この教会を設立した人物の思いが伝わってきます。

といえば十字架だろうと思うのですが、なぜ見当たらないのでしょう。福音主義の信者さんが教えてくれたのは、十字架を掲げなさいとは聖書に書いていないからということ。また、偶像崇拝は禁じられているのだから、十字架に向かって祈ったり十字架をとても大切にしたりしているのは、まるで十字架を偶像のように扱っているようで許されないのだ、ということでした。

福音主義教会の特異さが外観からも伝わってきます。以下ではその集会の一般的な様子を報告します。どの教会の集会も判で押したように同じ、というものではありません。また参加人数が十名少々の教会から百人近くの教会まで、規模も多様でした。ですからあくまでも一般的な様子、ということを御承知願います。

さて、集会の開始時間が近づいてきました。土曜・日曜が集会の日であるのは、平日は信者が仕事で忙しいからなのでしょう。夜から開始されることが多いのは、土日の昼間はのんびり過ごして日頃の疲れをとってくださいね、という意図があるからでしょうか。

信者の方々が集まってきました。自動車に乗ってやって来た家族、小さな子どもを連れた若夫婦、一人でやって来た男性や女性。高齢者はいないわけではありませんが、あまり見あたりません。日本への移住第一世代が一九九〇年に来日した場合、その時点で働く気満々の二〇歳代だったとして現在まだ六〇歳に達したか達していないか、なのですから。

普段着姿が多い参加者たちですが、中年以上の男性にスーツとネクタイ姿が目立ちます。フォーマルな服装の女性もちらほら。神様の前に出るのだから失礼な恰好はできない、ということです。親に連れて来られた子どものなかには蝶ネクタイをつけた男の子や、ドレスを着た女の子の姿も見られます。

日系ブラジル人という言葉から、その外見として彫りの深くない目の細い東アジア人を――ほらっ、鏡を見てください――思い浮かべたのではないでしょうか。集会のために集まってきた人たちのなかに、いかにも日系な方々はおいでですが、白人系と見える人も多いです。移民第一世代は同じ国の出身者間での通婚が多かったでしょうが、第二・第三世代になってくると他のエスニック・グループとの交わりが増えてきます。そして通婚もグループの境界を越えるのでしょう。日本風のファミリーネームを持っていてもルックスは欧米系、は珍しくありません。

彼らは年齢が高いほど日本語が苦手なようです。先に「顔の見えない定住化」に言及しました。日本人と顔を合わせないで暮らしているために、日本語能力を上達させる機会に恵まれなかったのでしょう。その結果の片言日本語です。対して若い人たちは小さかった頃から日本語を聞き話してきたでしょうから、流暢《りゅうちょう》なものです。

このことに関連し、日本人に知っておいて欲しいことがあります。親とともに来日した子どもたちのほとんどは、日本語を解さないまま来日し、学校に通っても授業についていくことができないでいました。言語や文化、外見の違いでいじめられたというケースも、残念ながらよくあったようです。小さな胸を痛めていた子どもたちは少なくなかったに違いありません。日本への移住の初期の頃である一九九〇年代、子どもたちをサポートするノウハウも設備も不十分で、何より日本人たちの意識が未熟でした。

時を経たいまは整備されて万全だ、といえるでしょうか。いまですら胸を張れないのではないでしょうか。日本が国力を維持し、さらに発展していくために採った施策――この文脈では「出入国管理及び難民認定法」改定――が多くの悲しむ人たちを結果的に生み出してしまいました。もちろん子どもたちだけのことではなく、悲嘆に暮れた大人も数知れなかったはずです。その彼らが、カトリックであれ福音主義であれ、教会で「安定」を得ることができたのであれば宗教も捨てたものではありません。

9　祈りも、歌も、料理も、友情も

教会のなかに入るのが遅くなってしまいました。

扉を開ければ広い空間です。前方がステージになっていて、マイクが据《す》えられ、ドラムスやキーボード、ギターが置かれています。十字架はもとより、装飾めいたものはありませんが、ディスプレイ（スクリーン）が前方に装備されているのが見えるでしょう。そこに歌詞や聖書の一節が映し出されるのです。ティッシュボックスが柱や椅子の背もたれに――すべての教会でというわけではありませんが――セットされているところがありました。集会中に感極まった信者がいつでも使えるように、という配慮です。泣くのです、大勢が、集会中に。

一時間半から二時間近くかかる集会は歌から始まります。神を讃えるポップな曲調の歌です。曲に合わせてダンス・パフォーマンスが披露された教会もあり、活気に溢れています。誰がつくった曲なのですかと尋ねたところ、オーストラリアにあるペンテコステ派のヒルソング教会がつくっている歌だと、教会ミュージシャンが教えてくれました。

現代風讃美歌を奏《かな》でるバンドメンバーは仕事が終わった夜や週末の早朝に教会に集まり、練習しているようです。ダンスチームのメンバーも練習に勤《いそ》しんでいると想像されます。だとすれば、教会のすぐそばに人家がない方がよさそうです。朝や夜の騒音には苦情が殺到するでしょう。もちろん集会本番での音量はかなりのものです。隣からの話し声すら聞き取れません。

音楽で盛り上がった後は信者が何人か登壇して熱く語ります。ポルトガル語です。教会によっては通訳してくれることがありましたから、個人的な信仰体験が語られているわけではないことがわかりました。神が偉大であること、神が人間を愛してくださっていること等々が繰り返し語られていたようです。どの信者も、人前でマイクを持ち慣れているのか、よどみなく語ります。

牧師が信者たちの前で語る場面が多くないことに意外さを感じました。信者が主役であり、中心なのです。また、聖霊を受け止めるかのように全員が両手を広げ、目を閉じて祈る姿も心に残ります。

さらに印象に残ったことは、牧師をはじめ信者たちが日本のために祈りを捧げていたことでした。たくさんの人が自殺に追い込まれる日本の現状を憂い、日本人が神の愛を知って神と一緒に歩めるようにと、日本のために彼らは祈るのです。

ブラジル福音主義教会（滋賀県東近江市）で行われたダンス・パフォーマンス。この写真だけからは、パフォーマンスの会場が教会であるとはわからないのでは。以前この教会は住宅地のなかに所在していたところ、市街地から離れた山中に移転しました。お蔭で、思う存分の大音響が可能となっています。撮影したこの日、子どもたちによるパフォーマンスも披露されました。直径約１メートルの地球と日本国旗を持つパフォーマーが登場し、そこに捧げ持たれた王冠も加わっていきました。神が世界の、そして日本の王であると表現しているのです。子どもたちの目は国、そして地球（世界）に向いています。なお壁面のABBAとは「父(なる神)」のこと。スウェーデンの４人組ではありません。

集会のなかで誰かが異言を語り出す、という場面に遭遇したことは私にはありません。感極まっての「アレルヤッ（ハレルヤッ）！」は時に聞かれますが、最初から終わりまで、整然とした時間が流れていたという感を持ちました。

集会が終わってハグし合い、しばらく談笑して信者は帰路に就いていきます。夜はもう遅いです。集会が土日の昼前から催された場合には、昼食をみんなで摂《と》るということもありました。料理はブラジル定番のフェイジョアーダ等。また、子どもたちのための聖書クラスや語学クラスなどが開催されることもあります。学ぶ語学はポルトガル語であり日本語が主です。そこで机を並べる子どもたちは親しい友人になっていくでしょう。大人たちにとっても、ここで接する人たちは心許し合える友だと思います。

10　ブラジル人アイデンティティの行方

部外者の目にブラジルの福音主義教会は閉鎖的な宗教集団に映じるかもしれません。しかし実際に集会に参加してみると、部外者が自分たちの教会に関心を持って来てくれたということで、喜んで迎え入れてもらえます。だからといって絶え間なく話しかけられたり、信者になりなよと熱烈に勧誘されることはありません。

福音主義教会に集まる人たちは、カトリックのブラジル人から見れば、「あの人たちは、ちょっと……」というところだと考えられます。福音主義者もカトリックには批判的ですから、お互い様です。教会に通う習慣がないブラジル人も、彼らのことを自分たちとは違うと思っているのではないでしょうか。聖霊に満たされるとか、聖書には真実が書かれているといっている人たちですから、（若者用語ですが）キモイかもしれません。

ですが彼らもまた、日本で家族とともに頑張っている人たちです。布教しようという考えはいま、彼らにほとんどないようです——以前は礼拝集会案内をポスティングすることもありました。私は彼らのことを、ブラジル本国の教会で行われていることを日本で再現し、ブラジルとのつながりを定期的に確認し続けている人たちであると捉えています。この理解が正しいのなら、彼らはブラジル人としての誇りを忘れず生きようとしている人たちです。

「郷に入れば郷に従え」の態度で彼らに接すると、傲慢になりかねません。私たちにだって捨てたくないものはあります。忘れてしまったらアイデンティティが揺らいでしまうものが、私たちにもブラジル人にも、誰にもあると思うのです。福音主義の信者たちと礼拝の時間を共に過ごして、彼らのことが少し理解できた気になりました。

第4章　ターバンと辛くないカレー
――シク教

この章からは南アジア方面へと目を向けましょう。具体的にはインドやネパールであり、バングラデシュやパキスタン、スリランカで、それらの国々から来日してきた人たちと宗教を取り上げます。

南アジアは日本から遠いですが、その遠い国々から多くの人々が来日して定着し、働いています。インド人ＩＴ技術者とその家族が数多く暮らす街として東京の西葛西《にしかさい》が有名になったことを知っているでしょうか。たくさんのネパール人が日本各地で、料理人として頑張っているようです。バングラデシュ人やパキスタン人、さらにはスリランカ人も、各地で自動車の解体や輸出の仕事に携《たずさ》わっています。その彼らに、ヒンドゥー教の神々への祈りやイスラームの神への祈りは欠かせません。そしてシク教の神に祈るインド人たちのことも見逃せないところです。

この章はシク教がテーマです。この耳慣れない宗教に注目するのは、日本国内に既に寺院が存在しているからですが、世界最多の人口を抱えるインドの有力な宗教だからでもあります。また明確な開祖を有する宗教――創唱宗教《そうしょうしゅうきょう》といいます――としてキリスト教、イスラーム、仏教に次ぐ四番目の規模を誇る宗教だから、という理由もあります。そしてシク教徒を実際に、あるいは画像・映像のなかに見たことのある日本人は間違いなく多いはずだからです。

1　インドとターバン

ターバンを巻いた外国人男性を見たことがあるでしょうか。直接であれ画像・映像であれ、見たことのない人はいないのではないですか。そして「あっ、インドの人だ」と思ったことでしょう。その判断はおそらく正解です。ターバンを巻いた男性はシク教——シーク教あるいはスィク教とも表記されます——の信者と思われます。シク教とは、インド北西部パンジャーブ州のアムリトサルに総本山ハリマンディル・サーヒブを有する宗教です。ハリマンディル・サーヒブは黄金寺院 Golden Temple とも呼ばれ、世界中に知られています。

ターバンを見てインド人を想起する人は少なくありません。とはいえ、インド人だからターバンを巻いていると考えるのは間違いです。シク教徒だからターバンなのです。インド人の大半はターバンを巻いて暮らしてはいません。

日本ではいつの頃からか、インド人はターバンを巻いている、という観念が定着していったようです。鎖国の時代を終えて日本が開国し、海外との交易が盛んになって以降に日本に来ていたインド人のなかにターバンを巻いた者が多かったため、「インド人＝ターバン」という図式が成立したのではないか、という説を聞いたことがあります。なるほど、と頷《うなず》けますが、ある一枚の写真の影響も大き

義和団の乱鎮圧に派遣された各国兵士

いのではないかと想像します。

一九〇〇年頃に中国で撮影された、諸国の兵士たちがずらり並んだ写真です。一九〇〇年は義和団《ぎわだん》の乱が起こった年でした。中国最後の王朝・清《しん》の末期、キリスト教を含む外国勢力の進出に反感を持った民衆が宗教結社・義和団に加入して教会や外国人を襲った事件で、これに対して欧米列強の連合軍が事件鎮圧のため出兵することになります。日本も公使が殺害されたことを理由に参戦し、九カ国の兵士が横一列に並んで一枚の写真に収まることになりました。それを教科書で見た記憶はないでしょうか。

画面右端に立つ小柄な日本兵から左に向かって五人目に、ターバンを巻いたインド兵が立っています。インド兵というよりもイギリス領インドの兵士、とするのが正確です。インドは当時、イギリスに領有されていたからです。この画像は教科書を開く誰もが見ており、かくして日本人の頭の中でインド人といえばターバンを巻いている、とイメージが固まっていった、と想像するのですがどうでしょう――なお写真は左から英米露印独仏墺伊日だそうです（さて、それぞれの漢字はどこの国を表すでしょうか）。

イギリス領インドの兵士がシク教徒であったのは理由のないことではありません。詳細は後段に譲りますが、シク教は成立以来、現在でも時に、外部からの攻撃にさらされるという経験を重ねてきました。攻撃されるなら武装して戦う、ということでシク教徒＝戦士とイメージされ、それが彼らを遠く清王朝の北部にまで赴かせることになったのでしょう。もちろん現在のシク教徒がすべて武装しているわけはなく、かつて近代初頭の日本に交易で訪れてきたように、平和なビジネスに従事していることは明言しておかなければなりません。

2　ターバン離れと無料の食事

シク教といえばターバンです。しかし近年、ターバン離れが進行していることも事実です。ターバン姿にならないシク教徒の男性が増えてきているのです。なぜでしょう。実はターバンをほどけば、そこにあるのは長い長い髪です。髪を切らないことが守られるべきルールなのですが、そうなるとお手入れは大変だし、高い気温や湿度は大敵になってきます。流行《はや》りの髪型で街を歩くこともできません。かくしてシク教のシンボルというべきターバンから離れる男性が増えてゆくことは、宗教の世俗化の一つの表れとみなせます。

とはいえ、ターバンを巻いていないのにグルドワラにやって来て祈るシク教徒は少なくありません。グルドワラとは集会と礼拝の場所のこと。要するにシク教のお寺です。お寺のなかでは誰もが頭髪を覆《おお》わなければならないのですが、ターバンの代わりに髪をハンカチ等の布で隠して祈るのです。時代の流れに合わせ変化したシク教徒の頭頂部の景色、と捉えましょう。

もし知り合いになったインド人男性がシク教徒なのにターバンを巻いていなかったとしても、もはや驚くような時代ではないようです。そしてその当世風のシク教徒が「グルドワラで食事しないか？」と誘ってくれたなら、是非応じてみてください。

シク教のお寺がいま、日本国内に三つあります。初めて設けられたのは神戸で、グル・ナーナク・ダルバールといいます。グル・ナーナクとはシク教の開祖のことです。そしてダルバールとはグルドワラより小規模な礼拝施設と考えてください。このダルバールのホームページには一九六六年に寺院建設のための土地が購入されたと記録されていますから、かなり昔から神戸にシク教徒が定着していることがわかります。

その後、一九九九年に東京都文京区に、そし二〇二〇年頃には茨城県境町《さかいまち》にも設けられました。シク教徒が増えてきたということですし、集まって祈るための場を彼らは必要とした、ということです。

お寺で食事しないか？　とは奇妙なお誘いに聞こえますが、心配いりません。シク教にはランガルという言葉があります。これは無料の食事のことです。寺を訪れる人は、それがムスリムであれキリスト教徒であれ仏教徒であれ、どこの国の人であれ、誰であっても無料の食事ランガルの提供を受けることができるのです。ただしどの曜日のどの時間に行っても頂戴できる、というわけではありませんので、自分のお腹の空き具合を優先させてはいけません。

それにしてもなぜ、このようなことが行われているのでしょうか。興味を覚えたでしょうから、次節の「シク教の歴史」へと進んでください。

3 シク教の歴史

シク教のことを知っている日本人は多くないはずです。しかしシク教は世界の大宗教の一つです。創唱宗教としてキリスト教、イスラーム、仏教に次ぐもので、信者の数は世界中で約二五〇〇万人といわれています。

インドといえばヒンドゥー教です。インドの全人口中にヒンドゥー教徒が占める割合は、二〇一一年の国勢調査によると、ほぼ八〇％です。対してシク教徒は一・七％に過ぎません。それでも世界一の人口を抱えるインドですから、わずか一・七％も二五〇〇万近くになります。そしてそのかなりの部分がパンジャーブ州に暮らしています。州人口の六〇％弱がシク教徒なのです。

開祖グル・ナーナク（一四六九―一五三九）はパンジャーブで生まれ、その地で活動しました。なおパンジャーブとは、いまのインドとパキスタンにまたがる地域をいいます。インドにパンジャーブ州があるように、パキスタンにもパンジャーブ州があります。インドがかつてイギリスに支配されていたことは記しましたが、このイギリス領インドが一九四八年、ヒンドゥー教の国インドとイスラームの国パキスタンに分離し、それぞれ独立して現在に至ります。パンジャーブがインドとパキスタンにまたがっていることを考えると、シク教の微妙なポジションが想像できるでしょう。

シク教は一六世紀初めに成立しました。その半世紀前にインドではムガール帝国が建国されています。この王朝第五代のシャー＝ジャハーンが亡き王妃の廟《びょう》としてつくらせたのが、有名な世界遺産のタージ・マハールです。シク教では第六代・第七代指導者の時代にあたります。そしてムガール帝国はイスラームの国でした。

ムガール帝国とシク教は衝突を繰り返します。そんななか、シク教一〇代目のゴービンド・シン――シングとも――はカールサーという軍事組織を結成します。そして彼はカールサーのメンバーに、シク教の五つのシンボルを身につけるよう定めたそうです。ケシュ（剃らない毛髪）・カンガ（櫛《くし》）・カラ（鉄の腕輪）・キルパン（刀）・カッチャ（半ズボン状の下着）がそれで、５Ｋといわれています。また彼らに「シン（シング）」の名を与えました。シンとはライオンのこと。勇敢《ゆうかん》さを表す名前です。

カールサーの戦士はシク教徒の模範とされ、戦士必携のアイテムを一般の信者も身につけるようになります。そして男性信者はシンを名乗るようになりました。古い世代の人なら、「シン」の名を持つプロレスラーを思い出すことでしょう。インド第一七代首相のマンモハン・シンは、その名からわかるように、シク教徒です。

一七〇八年に第一〇代ゴービンド・シンは暗殺されるのですが、死ぬ前に彼が第一一代目として指名したのは人間でなく本でした。「えっ、どうして？」と驚きますが、彼を継《つ》ぐはずの息子たちはムガール帝国との戦いのなかでこの世を去っていたのです。本は初代のナーナクをはじめとする六人のグルや聖者たちのつくった詩歌を収める聖典でした。これが指導者＝グルになり、グル・グラント・サーヒブと称されます。合計一四三〇ページ。いうまでもなく、シク教に第一二代グルは存在しません。本は死にませんから。

以降シク教は発展し、一九世紀前半にはパンジャーブを中心にシク王国が成立するまでになっていました。この国はインド支配を強めるイギリスと戦い、そして敗北します。パンジャーブもイギリスに領有され、インド全土にイギリスの旗がひるがえるようになりました。

この後、一八五七年に「インド大反乱」――セポイの乱ともいわれます――と呼ばれる反イギリスの暴動が起こりました。このとき実は、シク教はイギリスに協力しています。

シク教はインドでは宗教的マイノリティだったからこそ、イギリスに付くという方針を採択したのでしょう。そしてシク教徒は軍人となり――義和団の乱の中国にも派遣され――、あるいは官吏《かんり》として重用《ちようよう》され、イギリス領インドで活躍する人材が輩出されていきます。この時代のシク教徒に私たちの父祖は接し、彼らをインド人の代表と見たのだと思われます。

ここまで、シク教の歴史をたどりました。一九八四年六月の黄金寺院事件と同年一〇月のシク教徒によるインディラ＝ガンジー首相暗殺については記しませんでした。インターネットで調べていただければと思いますが、この二つの出来事の背景にシク教とインド政府との微妙な関係のあることを読者は気づいてくださっているのではないでしょうか。いま世界でシク教徒に絡《から》む事件が起きているなら、おそらくその背景は同じです。

4 シク教の思想

何だかシク教って重そうだ、という印象を持たれたかもしれません。次に、シク教の特徴を教えのなかに見ていきます。シク教の印象が軽くなってくるのではないかと思います。

まず、シク教がカースト制度を否定していることが注目点です。シク教は、すべての人は平等だといっているのです。同時に輪廻《りんね》転生《てんしょう》をいい、前世の行為の結果が現世に現れるとするカルマ（業《ごう》）の教えを説いています。だから互いを尊重し合って善行に励みましょう、という教えがシク教の「基礎中の基礎」だと思います。

善いことも悪いことも神様が見ているよ、とはよく聞かされる言葉ですが、シク教の神はキリスト教やイスラームの神とはやや違うようです。キリスト教やイスラームの神は人を愛し罰を与える人格——神に人格云々をいうのも変ですが——を持っているようですが、シク教の神は人格神なのかどうか……。グル・グラント・サーヒブの冒頭に「神は唯一にして、真理を御名とせり」とあります。また他の箇所には「創造主よ、あなたはすべてに遍在《へんざい》する」とあって、シク教は一神教なのか、あるいは——あらゆるものに神が宿ると考える——汎神教《はんしんきょう》なのか。

私には何ともいうことができないので、ここではシク教とは「唯一の真理」を信じる宗教である、とまとめたいと思います。唯一の真理からあらゆるものが創造されたのなら、すべてのものに真理が宿っています。どんな人間のなかにも創造主が遍在しています。だからこそ人はみな平等なのでしょう。

そしてシク教以外の宗教を信じる人のなかにも、唯一の真理が宿っていることになります。そうであるからだと思いますが、シク教が他宗教を排除することはありません。シク教がシク教信者を批判し、また他の宗教を批判することがあるなら、それは唯一の真理が存在するという根本を忘れて、カタチばかりを気にする形式主義に陥《おちい》っていると判断されるときだと考えます。

こう見てくると、私たちはシク教徒に接して「外国の人だ、しかも宗教の人だ」と及び腰になる必要はなさそうです。シク教徒の側は、私たちを「自分たちとは違う人」とは思っていないのではないでしょうか。見知らぬ人には壁をつくってしまう私たちの姿が、シク教という鏡に映ります。

これまで書いてきたことは、主にシク教の男性に該当するものでした。シク教徒の特徴としてのターバンやシンの名前そして５Ｋは男性のものだったのです。ここでシク教徒の女性にも触れておきましょう。すべての人間を平等とするシク教では、もちろん男女差別はありません。そして男性に「シン」の名がつけられるように、女性には「カウル」と付けられることをつけ加えておきます。カウルとはプリンセスという意味なのです。

5　住宅街のなかのパンジャーブ

私は何度か、神戸のグル・ナーナク・ダルバールに行ったことがあります。神戸らしい坂道が続く住宅街のなかの二階建てで、外観はほんのちょっと一般家屋とは違う、という程度。一階にはイスとテーブルが並び、奥にキッチンがあります。二階に上がると礼拝スペースです。ほぼ中央部にグルのための席が据えられていて、それには天蓋が付いています。おっと、階段を上っていく前に大きめのハンカチで髪の毛を覆わなければなりませんでした。もちろん靴は脱ぎます。お祈りにあたっての礼儀です。

肖像画がありました。開祖グル・ナーナクのものです。壁にかかっている織物（タペストリー）にも二人の人物の姿があります。一人はグル・ナーナクだとわかりましたが、もう一人は誰でしょうか。尋ねてみると、第一〇代ゴービンド・シンとのこと。タペストリーのデザインはハリマンディル・サーヒブ（黄金寺院）を描き、左右にこの二人を配置する、というもの。初代と一〇代と総本山。この三つがあってのシク教、というメッセージが発せられているようです。

現在のグルはもちろんグル・グラント・サーヒブ。本です。その本が天蓋の下の席に座る――置かれる――のです。

この礼拝スペースの一隅が特別に区切られています。扉があり、中は見えないようになっています。

シク教寺院（神戸市中央区）内部。天蓋《てんがい》のついた席の前にはグル・ナーナクの肖像があります。そして席の向こう側の織物に描かれた（向かって）右のナーナク、左のゴービンド・シンそして両者の間にハリマンディル・サーヒブを確認できるでしょうか（小さ過ぎますけれど）。礼拝では画面上の右半分に女性が座り、左半分に男性が座ります。約１時間の祈りの時間が終わると、小麦粉・ギー（バターオイル）・水・砂糖を混ぜ合わせたカラー・パルシャードというお菓子が、固まりから手でちぎられて、一人ひとりに、男女の区別なく、配られていきました。見かけは栗きんとんに似ているので期待したのですが、そう甘くはなかったです。

ここは何ですかと尋ね、そこは神聖な場所だよと聞かされて驚いたのは、神様の像が安置されているのかなと想像したからです。シク教は神像などつくらないはずなのに、なぜ、と驚いたのでした。さらに問うと、神像などないとのこと。我ながらの早合点です。ではここは何かと重ねて質問してみると、グルの寝所になっているという回答で、またも驚いてしまいました。夜になると本を移動させるのでしょう。グルである本が就寝するのです。

現在のグルには口がありません。だからグルに書かれている内容が、グルに代わって発声されます。アコーディオンに似た鍵盤楽器のハルモニウムと打楽器のタブラーの伴奏に合わせ、詠唱されるのです。二人の奏者がこれを行うのですが、このコンビは三カ月経てば離日して次のコンビと交代します。演奏と詠唱はおよそ一時間続きます。この間、信者が「払子《ほっす》のようなもの」を手に持ってグル・グラント・サーヒブの上方で左右に動かしていました。払子は日本仏教で用いられる法具ですが、どうやらインド由来のようです。白い毛を束ねて柄を付けたもので、元来は虫を追い払うためのものであったとか。教えを説くグルの背後で信者が毒虫を追い払っている、ということでしょう。

シクとは弟子の意です。その弟子たちにグル（導師）が約一時間にわたって穏やかに、優雅に、教えを説いている、そんな場面に列席させてもらったかのようです。唯一神への絶対的帰依《きえ》を行っている、という感じはしません。となるとシク教寺院とは学校のようなものです。そこに出席した私は、パンジャーブの言葉に通じているはずはなく、詠唱の内容はまったくわかりません。指導者の言葉に頷《うなず》くことができない自分が、授業の内容をまったく理解できない困った生徒のように感じられたこと

ランガル

でした。

終わればランガルの時間です。各自が持つ使い捨てのプラスチック容器に、インディカ米、豆のカレー、インド風てんぷらのパコラ、チャパティ、ヨーグルト、ピクルスが盛られていきます。そこに肉類は一切見当たりません。シク教に食のタブーはないはずですが、ベジタリアン仕様です。そして、お馴染《なじ》みの色をしたカレーを口に運ぶと、期待を裏切って、辛くありません。

物足りなく思う人はいるでしょうが、こういう食事ならば誰もが食べることができます。

豚肉が入っている料理はイスラームやユダヤ教ではＮＧで、牛の肉入り料理はヒンドゥー教徒にはＮＧです。でもベジタリアン仕様なら誰でも食べることができます。カレーが辛くないなら、辛いものが苦手な人だって食べることができます。どんな人でもいただける料理が提供されているのです。誰にでも分け隔てなく。

そもそもランガルは人を選ばず提供されるものです。年齢も男女の差も、経済力の差も、国籍の違いも、そして宗教の違いも関係なく、誰もが頂戴するものです。すべての人が平等であることを、食事を通して表現しているといってよいのではないでしょうか。

このダルバールで何人かの信者と話しました（日本語で）。シク教徒だけれどヒンドゥーの神様も拝むよ、という若者に出会い、驚いたこともあります。そんな人ここにはたくさんいるよ、とも彼はいっていました。驚きましたが、シク教は分け隔てがない宗教だと考えれば納得です。神社で拝んで寺で拝んでキリスト教会で祈ることができる日本人と、シク教徒は近いといえるかもしれません。

6　日本国内でのパンジャーブのすすめ

いまこの日本には何人のシク教徒が暮らしているでしょう。ウェブ上の記事に二〇〇〇人という数字を見つけましたが、それが正しいかどうか、わかりません。日本在住のシク教徒に尋ねても、「わからない」が返ってくるでしょう。

二〇二三年末時点で日本に在留するインド国籍者は四万八八三五人です。インドの国勢調査による全国民中のシク教徒比率一・七％を適用すると、在日シク教徒は八三〇人となって、記事の数字からは遠くなります。とはいえインド国籍ではないシク教徒も日本に在留していると考えられるし、日本国籍を取得したシク教徒もいると思います。またシク教に入信した日本人もいます――シク教徒との結婚をきっかけとした入信が典型的なパターンでしょう。

さらに私はダルバールで、シク教が面白そうだから来ている、という人にもお会いしています。複数に、です。いいかげんな気持ちで来てもらっては困る、と彼らが注意されることはありません。こう書いている私も、面白そうだから行きました。宗教に、面白そうだ、の動機で触れてみてはいかがでしょう。宗教と思わず異文化だと思うと、敷居はもっと低いです。もちろん相手へのリスペクトの気持ちは、決して忘れてはなりません。

この章の最後に「後日談」的なことを。

本章をほぼ書き終えてから、学生たちと一緒にダルバールに行きました。ハルモニウムとタブラーの奏者コンビが、以前に行ったときから変わっていました。二人をシク教の僧侶と表現してもいいのかもしれませんが、僧侶然としたところがないために、奏者と表しています。

この新任さんのアイディアなのかどうかわかりませんが、スクリーンが設置され、そこに朗誦《ろうしょう》されている字句（だと思います）が、パンジャーブ語なのか何語なのかわからないインドの文字で、そして英語でも、映し出されるようになっていました。お蔭で、私にも何とか内容を追うことができました。「ナーナク Nanak」が頻繁にスクリーン上に現れてきて、この開祖の存在感を実感した次第です。礼拝の終了後には、若い女性信者がグル・グラントサーヒブの寝所に向かい、平伏して深く祈っている姿がありました。まだそこにグルは戻ってきていないのですが……印象に残る場景でした。

そしてランガルです。本文中の品目とは若干の違いがありましたが、長粒米《ちょうりゅうまい》にかかったカレーは美味しそうです。辛くないんだよな、と一口いただくと、前にいただいたものより若干スパイシーです。辛さも、前よりはちょっとだけアリ、かな。

同行した学生が「辛い！」と発していました。そんなはずはありません（焦）。その学生はきっと、人並み以上に辛いものが苦手な、残念な味覚の持ち主だったに違いありません。他の学生はそうとはいってませんでしたから、本当に。

第5章　日本・インド・ネパールひとつなぎ
——ヒンドゥー教

1　日本人はヒンドゥー教徒？

節のタイトルを見て、「そんなはずないだろ」「日本人はインド人かよ」とあきれた読者がいらっしゃるでしょう。その通りです。日本人といえば神道《しんとう》ですし仏教なのですから。ヒンドゥー教はインドの宗教で、神がたくさんいて、しかもその神様ときたらカラフルで、たくさん腕があって顔があって、何やら恐ろしげな表情の神様もいて、ちょっと日本とは違います。

でも、待ってください。腕や顔がたくさん、といえば千手観音《せんじゅかんのん》、十一面観音《じゅういちめんかんのん》にもたくさん腕や顔がありました。恐ろしい表情といえば不動明王《ふどうみょうおう》が思い浮かびます。また歴史や美術の教科書で見てきた仏像はどれも長年のロウソクや線香の煙で黒ずんでいましたが、造像された当初はとても色鮮《あざ》やかなものでした。奈良・興福寺のあの有名な阿修羅《あしゅら》像も身体の色は鮮やかな赤だったそうです。それに加えて腕は六本もあって顔も三つ。となるとインドの神様と変わりません。

変わらないどころか、阿修羅は古代インドの神でした。神々と対立する魔神だったようです。そんな阿修羅は仏法を守護する存在になりました。『法華経《ほっけきょう》』の序品《じょぼん》第一は、霊鷲山《りょうじゅせん》での釈迦《しゃか》の説法を聴くため多数が集まったことを伝えていますが、参列者のなかに阿修羅も見えます。ついでにいえば、悪神だった頃の阿修羅と激しく戦った相手であるインドラは、日本では帝釈天《たいしゃくてん》と呼ばれています。映画の寅《とら》さんシリーズの舞台・葛飾柴又《かつしかしばまた》は帝釈天を祀《まつ》るお寺で有名です。また象に乗ったイケメンの帝釈天が京都・東寺の講堂におわします。

日本でインドの神々が祀られているのです。阿修羅や帝釈天以外では、梵天《ぼんてん》もそうです。梵天はインドの創造神ブラフマーにあたります。さらに弁財天《べんざいてん》はサラスヴァティという水の女神《めがみ》であり、福徳をもたらす女神・吉祥天《きちじょうてん》はラクシュミー、象の頭に身体は人間でおなじみの歓喜天《かんぎてん》（聖天《しょうでん》）はガネーシャのことです。まだまだあるので、続けます。「ねぇ、知ってる？」とひけらかすときに使えます。

弁天さんと一緒に毘沙門《びしゃもん》さんと大黒《だいこく》さんが船に乗っているといえば宝船の七福神《しちふくじん》ですね。毘沙門天（別名として多聞天《たもんてん》）はクベーラ、大黒さんはマハーカーラ。「マハー」とは漢字で「魔訶」。日本語では「（偉）大」の意です。そして「カーラ」は「黒」。マハーカーラはインドで最も尊ばれている破壊の神シヴァの別名だそうです——破壊の神とは穏やかではないですが古いものを壊すから新しいものが生まれるのです。インド独立の父ガンジーの別名マハトマも、バブル時代のディスコのマハラジャも、このマハですよ——ガンジーとディスコを並べるのは申し訳ない気が若干しました。

七福神には他に、福禄寿《ふくろくじゅ》・寿老人《じゅろうじん》・布袋《ほてい》・恵比寿《えびす》さんがおいでですが、前の三者は中国の神で、恵比寿さんだけが日本の神です。多国籍の神々が一隻に乗り合わせているとは、摩訶不思議《まかふしぎ》です。

2　インドの神々

インドでは、釈迦はヴィシュヌの化身《けしん》と認識されることがあるそうです。ヴィシュヌとは創造のブラフマーそして破壊のシヴァと並ぶ神で、維持を司《つかさど》ります。世界が危機に陥《おちい》ったとき秩序を維持するため現れるとされているのです。その姿は時と場に応じて一〇あるとされ、よく知られるところがクリシュナでありラーマであり、そしてブッダです。ヴィシュヌが現れたときの姿、すなわち化身のことをアヴァターラといいます。二〇〇九年の映画『アバター』の原点はここです。いま使っているアバター、インド伝来ですよ。

ここでラーマに触れましたので、少しだけ寄り道します。ラーマは北インドのアヨーディヤーで誕生したとされています。この聖地にムガール帝国初代皇帝バーブルがイスラームの礼拝所・マスジドを建設したのは一六世紀前半のことでした。それから時は流れて帝国の滅亡、イギリスによる統治、イスラームの国パキスタンとヒンドゥー教インドの分離独立へと続きます。その後、インドの一部でヒンドゥー至上主義が高まりを見せるようになり、遂に一九九二年にヒンドゥー教徒の暴徒数千人がアヨーディヤーのマスジドを襲撃するという事件が勃発しました。

騒動は各地に飛び火し、約二〇〇〇人の死者が出たそうです。このマスジド跡地には、ヒンドゥー教寺院がつくられたばかりです。インド首相も出席した落成式が営まれたのは二〇二四年の初頭でした。インド人口のおよそ一割はムスリムですから、国を挙げて祝いました、とはいえそうにありません。

さてラーマです。人々に愛されている存在であるのは、ラーマが古代インドの長編叙事詩《じょじし》『ラーマーヤナ』の主人公だからでしょう。ここでは魔王にさらわれた妃シータを救い出すラーマ王子の活躍が描かれているのですが、ラーマを助けるハヌマーンに注目です。ハヌマーンは猿の王なのです。

そしてこのキャラクターが中国に伝えられ、孫悟空《そんごくう》になったのだろうと考えられています。『西遊記《さいゆうき》』で三蔵法師《さんぞうほうし》を助ける英雄にして、いまも崇拝されている道教の神・斉天大聖《せいてんたいせい》こと孫悟空。この神が二〇世紀末の日本で漫画の人気キャラとなり、いまも愛され続けていることはよく知られています。おそらく崇拝はされていないと思いますが、ひょっとして何処《どこ》かで誰かが祀っているかもしれません。

インドと日本は近いです。ヒンドゥー教と日本仏教・日本人は意外に近いのです。旦那《だんな》・奈落《ならく》・娑婆《しゃば》もインドからきた言葉です。ヒンドゥー教とも仏教とも関係ありませんが、パジャマだってインド由来。

そして日本はネパールとも近いです。それはこの国がインドの隣国だからですし、ヒンドゥー教を国教としていたからです。さらに加えれば、日本で暮らすネパール出身者が近年急増しているからです。

ハヌマーン像（シュリ・ラーム・マンディール／茨城県坂東市）。マンディールとはヒンドゥー教の寺院のこと。その建物内の壁面に掛けられていたマッチョなハヌマーンの像です（かめはめ波が出せるかも）。この同じ建物の、別の壁面に「あれっ？」と声を出してしまった絵像がありました。シク教のグル・ナーナクと第10代ゴービンド・シンの肖像です。なぜヒンドゥーの寺にシク教が、と疑問が湧き上がりましたが、答えてくれる人が周囲に誰一人いませんでした。もやもや感が残ります。調査のために再訪する必要がありそうです。なお祭壇の主尊はシヴァ神の妃のドゥルガー女神でした。

3　ヒンドゥー教とは

ヒンドゥー教といえばインドの宗教。インド人の大半が信者。牛は神聖な動物——シヴァ神の乗り物——なので食べない。日本人はヒンドゥー教について、まったく知らないわけではありません。

しかし思い出してください、中学生や高校生だった頃を。教科書でインドの歴史をさらっと学んだでしょう。大昔、アジア中央部の草原地帯にいたアーリア人が南下してインドに侵入し、カースト制度によって厳しく区別され固定化された社会を築き、バラモン教の僧侶がカースト制度の最上位に立って……等々。

バラモン教、です。確かにバラモン教という言葉が教科書にありました。では、いつからバラモン教はヒンドゥー教になったのでしょう。なったのだとしたら、どうやって。あるいはバラモン教とヒンドゥー教はまったくの別物なのか。それについての解説は教科書に載っていたでしょうか。

アーリア人が北インドに移動を始めたのは紀元前一五〇〇年頃からだそうです。彼らはインド支配を進めるなか、神を讃える歌や儀礼の聖典『ヴェーダ』を完成させていきました。『リグ・ヴェーダ』を筆頭として多種類ある『ヴェーダ』に精通する人物は限られています。そしてその人物に導かれなければ神々との正しい関係を結ぶことができません。必然的に、精通する人物つまりバラモンの権威・権力は高まるでしょう。そのバラモンを中心とする侵略者たちがインド各地に広がり、彼らの神々への信仰を広めていきました。それがバラモン教といわれるものです。

そして支配を進めるなかで確立していったのが、バラモンを頂点とするカースト制だったのです。なお、カーストはポルトガル語に由来する言葉で、現地に則するならヴァルナやジャーティと称するのが正確ですが、ここでは深入りしません。

やがてバラモン教への対抗勢力が現れてきます。仏教やジャイナ教です。とくに仏教は多くの人々の心を摑《つか》み、マウリヤ王朝のアショカ王の時代（紀元前三世紀半ば）やクシャナ朝のカニシカ王の時代（紀元二世紀）に篤《あつ》く保護されたことは教科書に載っていたはずです。これらの新勢力の台頭に刺激されたバラモン教は、インド各地の土着の神々や儀礼を自らに包摂《ほうせつ》していく方向へと進んでいきました。かくしてバラモン教は、統一性に乏《とぼ》しいながら人々の生活に密着した信仰体系であるヒンドゥー教へと、変化していくのです。

では、具体的にどこが変わったのか。一つは、バラモンという専門家による儀礼の執行を何より大切としていたところが、（形式的なものよりも）神の名を一心に唱えるような絶対的な帰依こそ重要だと、考えられるようになったこと。こうした動きはバクティ（信愛）運動といわれています。心からの信愛を神に示すことは誰にだってできることです。つまりバクティ運動とは宗教の大衆化なのでした。

変化の第二は、『ヴェーダ』に加えて（既述の）『ラーマーヤナ』をはじめ、『マハーバーラタ』が新たに聖典視されるようになったことです。そして『ヴェーダ』のなかでは脇役的ポジションにあったシヴァやヴィシュヌが最高位の神格として崇《あが》められるようになってきたことも、変化の三番目として指摘しておきます。

バラモン教がヒンドゥー教に変わっていくのに千年近くを要したと考えられています。というより、いまも変化を続けていると認識した方が適切かもしれません。広いインドの多くの地域の民族と言語ごとに特色化していき、地域が変化すればそれに対応して姿を整えて人々の生活に密着していく生きている宗教、これがヒンドゥー教であるように思います。

ですから、インド総本山がどこかに存在するわけではありません。統一組織はありませんが、宗派は多数存在すると認識できます。シヴァを信仰するシヴァ派やヴィシュヌの派のような集まりです――創造神ブラフマーは（私に理由はわかりませんが）相対的に人気がないらしいです。それら各々が独自の活動を展開していると考えてよいでしょう。

なお、日本で一九九〇年代から二〇〇〇年代初めにかけて話題になったサティヤ・サイ・ババのことを覚えていますか。彼の活動もヒンドゥー教の活動の一つの具体例です。また髪や髭を伸ばしっぱなしの半裸のヨーガ行者を連想する人は多いと思いますが、彼らもどこかの宗派に属していると考えてよさそうです。そしてヨーガとは元来、ヒンドゥー教における修行法を指しています。やっぱり日本とインド、ヒンドゥー教は近いです。

そして各家庭で営まれる生活には神々への信仰が組み込まれています。家のなかには神々の絵像が置かれ（掲げられ）ており、朝は神への祈りから始まるようです。日本人が毎朝仏壇や神棚に向かって手を合わせる様子——次第に見られなくなりつつありますが——と同じです。

4　バラモンとヒンドゥーと輪廻

肝心なことを書き忘れていました。「バラモン」、とインド人を前に発声しても通じませんよ、多分。この祭祀階級は「ブラーフマナ（英語発音でブラフミン）」で、それが漢訳され（音を表記して）「婆羅門」となり、日本語の音読みで「バラモン」となります。ですからバラモン教はバラモニズムではなくてブラーマニズム Brahmanism とするのが正確です。そして古代インドの宗教をそう呼んだのは、インド亜大陸に植民地支配の食指を動かしていたイギリスを筆頭とするヨーロッパなのでした。昔のインドの人たちは、自分たちの信仰がブラーマニズム（ましてバラモン教）と呼ばれることになるとは、夢にも思わなかったでしょう。

ヒンドゥー教 Hinduism も同様で、ヨーロッパ人が名付けたものです。ヒンドゥーの語源はシンドゥ。そしてシンドゥとはインダス川のことです。大河インダスの東に拡がる大地が（西から見て）シンドゥとなりインドやヒンドゥとなって、その大地を狙うヨーロッパが現地の多種多様な宗教を一括りにし、ヒンドゥー教と呼んだというわけです。

もう一つ肝心な書き忘れがありました。ヒンドゥー教の生命観・世界観についてです。難しく聞こえるかもしれませんが、日本人に理解は容易です。仏教と同じだからです。ともにバラモン教の伝統を下敷きにしているのですから、当然といえば当然でしょう。地獄《じごく》・餓鬼《がき》・畜生《ちくしょう》・修羅《しゅら》・人間《にんげん》・天《てん》の六道《ろくどう》があって、そこを生命は輪廻《りんね》する――インドの言葉ではサンサーラ――という考えが基本です。この終わりの見えない生れ変わりからの脱出つまり解脱《げだつ》（インドではモークシャ）して涅槃《ねはん》（ニルヴァーナ）に達することを、修行者たちは目指すのです。生前の行為（カルマ）が次の生を結果としてもたらしますので、インド人であれ日本人であれ、人は善意と善行の日々を送るべきでしょう。ニルヴァーナとカルマは既にロックやラップの世界で出てきていますし、サンサーラという歌もありました。そろそろモークシャを名乗るアーティストが出てくるのでは……というのは蛇足もいいところですね。

ともあれ、やはり日本とインドとヒンドゥー教は近いです。

5　釈迦が生まれた国ネパール

日本人がヒンドゥー教と無縁でないことはわかっていただけたと思います。このヒンドゥー教ですが、本場のインドで国教になっていません。何しろ多言語、多民族、そして多宗教の国です。どれか一つを国が優遇してしまうと少数派の不利益につながりかねないということで、インドは国教を制定していないのです。インド以外でヒンドゥー教信者が多いところとして、世界中から観光客が押し寄せるインドネシアのバリ島が挙げられます。インドネシアはイスラーム大国ですから、バリは国のなかの例外的存在です。そしてネパールを忘れてはいけません。世界でただ一つ、ヒンドゥー教を国教としていた国がネパールなのです。

ネパールといえばインドと中国にはさまれたヒマラヤ山脈のなかの小さな国、ということはご存じですね。他にネパールについて知っていることといえば、何でしょうか。エベレストへの登り口、山また山の貧しい国……それから？　国名はよく耳にしていても、詳しいところまでは知られていない国。日本人にとってネパールとはそういう国かもしれません。

実はネパールはお釈迦様の生まれた国です。カピラ国の王妃マーヤー夫人《ぶにん》は出産のため実家に帰る途中、ルンビニで産気づいてお釈迦様をお産《う》みになりました。ルンビニはいまネパール領です。もしお釈迦様が現代にお生まれになり、ネパールが国籍に関し出生地主義の立場であるなら、お釈迦様はネパール人ということになります。

私はかつて――コロナ禍が叫ばれ始める直前に――沖縄出張をしたとき、一人のネパール人と出会いました。宿泊したホテルのフロント係の女性です。彼女の名札を見てハッとしたのです。そこには「シャキャ」とありました。ということは、彼女はシャキャ族の一員です。ゴータマ・シッダルタはお釈迦様と呼ばれますが、釈迦とは出身部族の名前でありました。釈迦族の出のゴータマさん、というわけです。シャキャさんは、そのゴータマさんと同じ部族の出身と思われます。彼女にお会いしたのはその時だけですが、沖縄でネパールから来て働いている釈迦族に出会うとは、なかなか味わい深いではないですか。

6　日本に暮らすネパール人

いま日本に、ネパール人がたくさん暮らしています。二〇〇〇年では全国で三六四九人に過ぎませんでしたが、二〇二三年末時点では一七万六三三六人です。飛躍的に伸びています。大都市圏に彼らは多く暮らしていますが、沖縄にも四四二八人が暮らしていて、その数は都道府県ランキングで第一〇位にあたります。これだけいるならシャキャさんも、あのシャキャさんだけではないでしょう。沖縄に行けばホテル・フロントだけでなくコンビニでも居酒屋でも、接客してくれる釈迦族に出会えるかもしれません。会ったならお布施《ふせ》を渡してください、ではなくて料金を支払いましょう。

ネパール出身者の在留資格に注目してみます。「家族滞在」五万三八二人、「留学」五万五六〇四人、「技術・人文知識・国際業務」三万二八六二人、「技能」一万五二二〇人となっており、合計すると一五万四〇六八人で、これで全体の八七％です。「技能」とは外国料理の調理師やスポーツ指導者、航空機操縦者、貴金属加工職人等に該当する在留資格ですが、ネパール人の場合はその大半が調理師だと推測できます。ネパール料理の店が近頃増えていることにお気づきでしょうか。インド料理店を名乗っていても調理しているのはネパール人と、いうケースが少なくないのです。

以下は想像です。某ネパール人シェフが日本で自分の店を持つまでに成功した、というケースをイメージしてみます。その人物が支店をつくるため、祖国ネパールから料理人を呼び招きました。料理人に認められた在留資格は「技能」です。この資格なら家族と一緒に日本で暮らすことが可能です。家族の在留資格は「家族滞在」になります。その料理人も頑張って働きました。そして素行善良で経済的にも安定していることから、在留資格を「永住者」に変更することができました。あるいは独立してビジネスを拡大し、「経営管理」に変更するのもいいかもしれません。日本人はカレー好きですから、まだまだ店を大きくできそうです。会社組織をつくり上げ、まとめて五人でも一〇人でも、ネパールから料理の「技能」の持ち主を呼んできて彼らに支店を任せることにしてみましょう。結婚していて子どもがいるなら、もちろん家族一緒に来てもらいます。というパターンが繰り返されていけば、日本在留のネパール人が飛躍的に増加していくことになります。

さらに永住ネパール人を頼ってネパールの親族が「留学」で来日し、卒業後は「技術・人文知識・国際業務」で企業勤めをし、一時的な里帰りでネパールに帰ったときに結婚相手を見つけて日本で新婚生活を送り、子どもが生まれ、在留ネパール人口がいっそう増加していくという次第です。以上の想像には、裏付けになる数的データが欠けています。が、いい線いっているのではないかと考えています。

7　ネパール人留学生

続いて、想像ではなく現実です——エビデンスを示すことが可能です。近頃のネパールでは海外への留学志向が高まり、日本は留学先として人気です。欧米に行くより費用がかからず、治安の良いことが評価されているのです。まとまった金額を留学斡旋《あっせん》業者に支払い、日本に渡ってくるケースが一般的です。来日して日本語学校や専修学校で学びつつ、(法的に認められる範囲内の)一週間に二四時間までの――長期休暇期間は一日八時間までの――アルバイトに精を出し、卒業後は大学に進学し、働きながら学んで、日本企業に就職することをネパールの若者たちは目標としているのです。

日本の大学に進学せず帰国する若者も少なくありません。来日前に借金して留学斡旋業者に支払いをしているとすれば、返済は大丈夫かと気になりますが、日本在留中に相当頑張って働いているのでしょう、何とかなっていると推察されます。留学経験者が帰国後苦境に陥《おちい》っているという情報は伝わってこないですし、高額を要求した斡旋業者が非難されて廃業に追い込まれているという報道も聞こえてこないからです。ネパールの若者たちの大半は日本で狭い部屋に複数で暮らし、質素な倹約生活を送っているに違いありません――これはまたも想像になりましたが、正鵠《せいこく》を得ていると思っています。

ネパール人が沖縄に多いことは既述しました。なぜ沖縄に多いのか、気になりますので少し紙幅を費やします。祖国とはまったく異なる自然環境への憧《あこが》れ、また生活費(とくに家賃)の安さが選ばれる大きな理由と考えられます。観光業の盛んな島で観光学を実地に学びたいという熱意も指摘できそうです。さらに中国からの留学生の減少に危機感を抱いた沖縄の日本語学校・専修学校がネパールでの募集活動に力を入れた、ということもあるのです。

二〇二〇年一〇月末時点の沖縄県労働局によるデータは、県内外国人労働者全体中の一八・八%がネパール人で、そのネパール人のうちの七三・五%が日本語学校や専門学校に属する留学生であることを教えてくれています。ネパール人留学生が沖縄経済を下支えしているのです。彼らを雇用する側は、彼らなしではシフトが組めず、営業時間を短縮せざるを得ないでしょう。こうしたネパール人頼みは、今後は他県でも該当するようになってくるかもしれません。

8　ネパールの混乱

働くためか勉強をするためか、どちらであれネパール人が日本を目指す根本的な理由に目を向けます。それはネパールの経済力の弱さと政治的不安定です。IMF統計による二〇二二年のネパール国民一人当たりのGDPは世界一六〇位の一三五四ドルで、日本は三二位の三万三八五四ドルでした。数字を見比べてピンとこなくとも、すごく違う、ということだけ感じてくだされば十分です。日本に行って稼《かせ》げるなら、ネパールに残る家族に送金して楽をさせてあげられるのです。

また、ネパールの政情は極めて不安定でした。割拠していた小国を統一し一七六八年に成立したネパール王国に一九九〇年、民主化の大波が押し寄せます。そして国王親政体制が終焉《しゅうえん》し、複数政党制による議会制民主主義が初めて実現することになりました。この後、王政廃止と世俗国家実現を掲《かか》げたマオイスト（ネパール共産党毛沢東主義派）が台頭し、彼らと政府軍との間で内戦が始まったのは一九九六年のことです。この混乱は約一一年続き、その間の犠牲者は約一万三〇〇〇人に上ります。そして内戦中の二〇〇一年には王宮乱射事件が勃発しています。民主化に理解を示していた国王、そして王妃や多数の王族が、王宮で皇太子の銃撃により殺害されたのです。驚天動地の出来事です。

後継した新国王――殺された国王の実弟です――は再び親政を行おうとして、ネパールの混迷は深まっていきます。国王は二〇〇五年に緊急事態を宣言し、敵対的な政党幹部の捕縛《ほばく》や報道統制等によって難局を乗り切ろうとするも、七つの政党にマオイストも加わって連携し国王勢力を圧迫していきます。そして国王は追い詰められ、とうとう最大政党「ネパール会議派」中心の新政権が発足することになります。反政府の旗頭であったマオイストと新政権との間で包括的和平合意が調印されて、内戦も終わりました。

かくして遂に二〇〇八年、国王は退位してネパール王国が終焉するのです。ネパールは連邦制の民主共和国に生まれ変わりました。この年、政教分離の観点から、ヒンドゥー教はネパールの国教ではなくなっています。

ここ二〜三〇年のネパールの混乱を概観してきました。その混乱が完全に収束したとは認識できないようです。そして国外へと脱出する人も続出しました。もし帰国したら殺される可能性が高いから難民認定して欲しいという人たちも日本に数多く来ています。日本政府に対して難民認定を求めている人たちを出身国別に見た場合、ネパールが一〇位以内にランクインし続けていることを知っておきましょう。

ネパールは「雄大な自然、素朴な人々」という言葉だけで表すことはできません。こうした混乱はネパールの産業の発展に確実に波及します。そして若者の就労にも悪影響を及ぼすことになったでしょう。その結果、彼らの目が国外に向けられ、日本にも向けられたのでした。

私たちが通うインドカレー・レストランのネパール人店長やその家族。コンビニで接客してくれるネパール人の店員。すぐ隣で授業を受けているネパール人留学生。彼らやその家族の記憶には、祖国でのかつての苦しい体験が刻まれているかもしれません。

9 首都カトマンドゥの日々

私の手元に一冊の本があります。著者はネパールの首都カトマンドゥ出身のネワール族男性で、長い日本での暮らしのなかで気づいた故郷の素晴らしさをテーマにしたエッセイ集です。生まれ育った地区にある賑《にぎ》やかな寺院、人々が行き交う広場、執り行われる祭りや子どもたちの遊び、習慣や食べ物のことなどが情感豊かに綴られています。

子どもの頃に寺院を遊び場にし、神像に祈る人々の姿が風景の一部であったことから、祈ることは著者にとって自然なことになったと記されています。生家に近いアサン広場——カトマンドゥ的な雰囲気が最も濃厚なところだそうです——には銀色の壺《つぼ》を祀る有名な寺院があり、昼間は大勢の参拝者が訪れ、夜には近所の人が集まって並んで座り、楽器を奏でながら神に捧げる歌を歌っているとのこと。この寺の向かいにはガネシュ（ガネーシャ）の寺があって、さらにそこから南に少し行けば白い観音様を祀る寺院があり、家族の誰かが誕生日を迎えるなら皆で参拝し、また家を清めるための聖水を貰《もら》いに来ることもよくあったと記されています。

アサン界隈《かいわい》から離れた、丘の上のユネスコ世界遺産の仏教寺院も紹介されています。町のどこからでも見える白く輝く寺院に向かって、人々は家の屋上から一日に何度も祈りを捧げているそうです。伝説では、カトマンドゥ盆地が大きな湖だった頃のある日、マンジュスリ（文殊菩薩《もんじゅぼさつ》）がこの寺にお参りに訪れ、刀で山を切り拓《ひら》いて湖の水を抜き、人がここに住んで寺にお参りできるようにしたということです。寺院の白いストゥーパの四方には「釈迦の知恵の目」が描かれていて、著者が子どもの頃、叱られるようなことをすると「神様が見ているよ」と諭《さと》されたというエピソードには頬《ほお》が緩《ゆる》みました。夏になると、この丘の寺院にひと月お参りをする祭りが始まり、太鼓や笛を鳴らしながら石段を昇り降りする大勢の姿が絶えることはなく、寺院は人々のざわめきや読経の声、お香の匂いに包まれるということです。

祭りといえば、ネパール最大の祭りダサインも本文中で触れられています。神々を苦しめていた魔神に女神ドゥルガー――シヴァ神の妃です――が勝利したという伝説に由来するダサインは一〇日間続き、普段は遠くに暮らしている人たちも、この機会に故郷に帰って家族と過ごします。新しい服や靴を買い、凧《たこ》揚げを楽しみ、自動車などの道具や機械をプジャ（礼拝の儀式）するということで、日本のお正月に匹敵するものです。そしてダサインが終わって二週間後には、ティハール――インドではディワリー――の祭りが始まって五日間続きます。ラクシュミー（吉祥天）をお迎えするティハールは「光の祭り」ともいわれ、街中がイルミネーションで輝くといいます。家の窓や戸口を飾るマリーゴールドの花輪も見どころのようです。

私の手元の本は、もっといろいろな風景や行事を紹介していますが、このあたりで止めないと紙幅が尽きてしまいます。ここまでだけでも、カトマンドゥの人たちが神々とともに日々を生きている様子を感じ取れたのではないでしょうか。カトマンドゥに行ってみたくなりましたか。

それにしても、日本に似ているところが幾つかあるなと感じられたことでしょう。私が他著者の本の内容を紹介したのは、この類似を知って欲しかったからです――私にネパールへの旅の経験がないからでもありますが。日本人とネパール人の近さを、あらためて想起してください。そして、お気づきいただけたでしょうが、ヒンドゥー教と仏教の区別などありません。

10　日本のなかのヒンドゥー教寺院

前節で取り上げた本の著者に、私はお会いしました。ネパール人が日本でどのような宗教生活を送っているのか、教えてもらうためです。それがわかれば、日本人はネパール人とよりよく付き合えると思ったからです。日本にヒンドゥー教の寺院はほとんどありません。あればそこに行って、教えてもらっていたのですが。

「ほとんどありません」としたのは、東京に、あるにはあるそれがクリシュナ意識国際協会（略称ISKCON）の寺だからです。ISKCONはインドの宗教家が世界布教を目指し、一九六六年にアメリカで創設した団体です。少々特殊なところですから、日本在留のインド人やネパール人の日常生活に密着したものではなさそうです。また神戸にヒンドゥー教の祭壇を備えた施設（の一室）があるにはあるのですが、インド人会員限定で、開放されていませんので訪問を躊躇《ためら》っていました。

そうこうしているうちに、北関東にヒンドゥー教寺院が設立されているとの情報を得、ようやく現地に赴くことができました――本書の刊行に間に合いました。確かに二〇二二年、茨城県内にヒンドゥー教寺院が出現していました。しかも二つ。

一つは既存の建物を購入し改装を施している途上ですので、設立者のイメージする完成までには、かなり時間がかかるかもしれません。もう一つは、広やかな田園地帯のなかの、集落のはずれにあって、交通アクセスは良好とはいえません。それでも土曜、日曜には大勢が（西葛西からも）集まってくるということでしたから、在日ヒンドゥー教徒にとって寺ができたことは吉報だったのでしょう。

二〇二三年末時点の在留インド人は四万八八三五人です。その三・六倍が同時点のネパール人の数です。これだけ暮らしていれば、とうの昔にヒンドゥー教寺院が各地に一〇や二〇、建立されていて当然だと思います。国内のヒンドゥー教徒総数を考えれば、寺院は「ほとんどありません」も同然です。

その理由を考えてみます。日本には祭祀階級のバラモンがいないので物理的に寺院をつくっても仕

シュリ・ラーム・マンディール（茨城県下妻市）。98頁の写真キャプション中に見える寺院と同じ名称のマンディール。二つのマンディールの関係は現時点では明確ではなく、調査のため再訪しなければなりません。「ラーム」とは「ラーマ」のこと。ラーマはとても人気のある神なのです――ラーマについては96頁と97頁で言及しました。関東鉄道の駅からすぐのところにあったスーパーマーケットの建物と駐車場が買い取られて、徐々にマンディールへと改造されています。完成への途上とはいえ、週末には東京さらには横浜からもインド人やネパール人が訪れてきて、祈り、会話し、楽しく時を過ごしているようです。なお、このマンディールの主尊もライオンに乗るドゥルガー。

方がないから、という推測は的確ではないでしょう。そもそもインドにバラモンは人口中の約五％おり、ネパールにはバフンという集団名で呼ばれるバラモンが同じく一二％を占めています。この数値から推測して、私たちの周囲に暮らすインド人・ネパール人のなかにバラモン階級に属する人物の一人や二人はいそうです。

また、バラモン教が大衆化したのがヒンドゥー教だったことを思い出してください。特権階級がいなければ寺院が成り立たない、というものではありません。なおインドでは一九五〇年に、ネパールでも一九六二年にカースト制度が法律上廃止されたことを付記しておきます――影響力がいまも残ることは否定できませんが。

11　ヒンドゥー教寺院設立を阻むもの

ではなぜ日本にヒンドゥー教寺院がほぼ見られないのか。私がお会いしたネパール人の著者氏のいわれたことを簡潔にまとめれば、自分たちは自分たちの宗教を意識して暮らしてはおらず、お祈りは各個人・家族でやっているから寺院は特に必要がない、ということでした。お祈りは意識的に取り組むようなものではなく習慣と同じだ、ということなのだと思います。しかし寺院は行事の場であり、大勢が集まって親交を深める場でもあるはずです。日本に暮らすヒンドゥー教徒はヒンドゥー教の行事に無関心で、集まって親睦《しんぼく》することにも関心がないのでしょうか。

ここで、著者氏がネワール族であることを思い出してください。ネワールはカトマンドゥ盆地とその周辺に居住しており、ネパール総人口中の五・五％を占めるに過ぎません――シャキャ族はネワールの一部らしいです。このネワールを含め、ネパールには一〇〇を超える（民族とカーストが絡《から》まって独自性を確認しうる）集団が存在しており、付随的に多様な言語そして文化が一国のなかに並存しています。そうなれば行事のやり方も違うでしょうし、民族間で交流し合うことは簡単ではありません。なおインドに至っては、方言を含めて八〇〇以上の言語が話されています。こうした多彩さは、同国籍者であっても互いに交流することへの壁になります。

同じヒンドゥー教徒であったとしても祭神も行事も共有することが難しいために、寺院の建立へと至らないということです。また在日のネパール人であれば、多くが飲食関係の仕事に従事して忙しく、あるいは留学生として学びとバイトの日々を送っているでしょうから、自分たちの寺院をつくるための余裕を見出せないのだろうと想像します。だからといって信仰心を忘れたわけではなく、各家庭で絵像に向かっての祈りは毎日捧げられているということなのでしょう。

今後もネパールからの来日者が増えれば、同じ民族の出身者が狭い範囲内に増えて交流が盛んになることがありえます。さらに在日のネパール人が時間的・経済的に余裕を持てるようになってきたなら、寺院が続々と姿を現してくるかもしれません。祖国と同じ祭りを彼らが開催するようになる可能性もあります。

そうなってくるとホーリー祭りが楽しそうです。誰彼《だれかれ》構わず色粉を塗り合ったり、色水をかけ合ったりするという祭りですので、日本人たちも加わってみましょうか。と思いましたが、あれは豊穣を願う春の祭りでした。きっと水は冷たいでしょう。日本風にアレンジしてお湯をかける、にならないでしょうか。

何度も記してきたことですが、章末にもう一度繰り返します。ヒンドゥー教徒は日本人と似ています。日本人もインド人もネパール人も、みんなで善い行い（カルマ）をいま、この場で行っていきましょう。生まれ変わってからのことを考えて。

第6章 日本国籍のムスリム、増加中——イスラーム①

近年、学問研究の世界では「イスラム教」よりも「イスラーム」と表記することが主流になっています。「教」をつけないのは、「イスラーム」という言葉のなかに「教え」や「道」の意味が含まれているからだそうです。また、原音のアラビア語の発音では長く伸ばされるようで、このことも考慮されての「イスラム」でなく「イスラーム」なのでしょう。

この流れに本書も乗って「イスラーム」と表記しています。そしてイスラームに、本章と次章を充てます。この宗教とそれを信じる人たちについて——他のニューカマー宗教にも増して——もっと知ってほしい、知るべきだ、と思うからです。

1 イスラームを知った日本

さて、イスラームについて、どのくらい知っていますか。

高校までの授業では、ムハンマドからイスラームの歴史が始まったこと、ウマイヤ朝からオスマン帝国まで、多くのイスラームの国々が勃興《ぼっこう》したこと等々を学んだでしょう。富裕な産油国がイスラームを信仰する国々であること、その中東で戦闘が断続的に起こっていることも知ったはずです。そして、どちらかといえば「イスラームはちょっとなぁ」というネガティブな印象を持つことになっているのが、現代の平均的な日本人であるように思います。

日本人がイスラームとリアルに接する経験は、近年になるまでありませんでした。キリスト教なら一六世紀に渡来して当時の日本人の間に広まりましたし、鎖国が終わって以降には、様々なキリスト教団体が国内に学校や病院を設立していきました。日本人は、その大半が信徒にならなかったとはいえ、身近にキリスト教を感じてきたのです。そして概して、キリスト教への印象は好意的なものだったでしょう。

一方、日本人一般がイスラームを意識し始めたのは一九七〇年代のオイルショックがきっかけだと思われます。原油の供給不足による価格高騰《こうとう》のために世界が経済不況に見舞われた、という出来事でした。石油なしでは成り立たなくなっていた日本社会は、これを機に産油国に関心を寄せるようになりました。そしてそれらの国々でイスラームという宗教が広く深く信仰されていることを、（ようやく）意識するようになったのです。

もっとも、この段階で日本人がイスラームを身近に感じたわけではありません。国内でムスリムに出会うことなどない時代です。日本人にとってイスラームは、まだまだ遠い世界の未知の宗教でした。

次に日本人がイスラームを意識することになったきっかけは、一九七九年のイラン革命かもしれません。イスラーム勢力がアメリカ寄りの国王を追放して政権を奪取した、という出来事がこれです。宗教が体制を転覆させたという事実は、イランから遠く離れた島国の日本人にも驚きをもって受け止められました。

それでもイスラームは、日本人にとって遠い宗教のままだったと思います。身近にマスジドもなければムスリムもいないままだったからです。ところが、それから一〇年ほど経って、イスラームが日本人のそばにやって来るようになりました。

2　すぐそばにやって来たイスラーム

一九八〇年、イラン＝イラク戦争が起こります。この戦争は八八年に終結し、戦場を離れたイランの兵士たちは故郷へと帰還していきますが、長く続いた戦闘のために国土は荒れ、仕事をしようにも仕事がない、という状況でした。その彼らの一部が日本にやって来るのです。そして帰国せずにそのまま滞日を続けて雇用先を見つけ、働いたのでした。稼いだお金は故郷の家族に送られたでしょう。慣れない異国で厳しい労働に耐えられるほどに若く元気で、忍耐力があり、家族を大切にしている人たちだったと思われます、彼らは。

「なぜ日曜日ごとに数千人が集まって……今話題！　東京・代々木公園にできた『リトル・テヘラン』」「イラン人〝大増殖〟で上野の山は困った困った　このままでは花見もできない」。これら、イラン人を取り上げた雑誌記事は一九八九年末に初めて現れ、一九九〇~九二年には何度も話題になっています。何が何だかわからないけどとにかく大変だ、と慌てている日本人の様子が目に浮かぶようです。

「なぜ日曜日ごとに」かといえば、日曜以外は仕事で忙しいからです。そして上野公園や代々木公園は、都下で働くイラン人が集まりやすい場所だったのでしょう。そこへ行けば母国語で話せますし、労働環境や賃金についての情報交換ができます。

革命によってシーア派イスラームの国になったイランの人と日本人とが、下町の、家族経営的な小規模の労働の現場で交わるようになりました。そして交通の便の良い地点にある公園で、「数千の」ムスリムたちと日本人とが行き交います。普通の日本人がムスリムと直接に出会う時代がやって来たのです。

当時、日本とイランとの間にはビザ相互免除協定が締結されていました。そのためイラン人は簡単に来日することができたのです。本来なら彼らは観光客のようなものですから、規定の滞在期間が終わるまでに帰国しなければなりません。しかし帰らず、仕事を見つけて働きました。ただ、外国人が日本で働くには、それ相応の在留資格が必要です。しかし彼らはそれを持っていません。ここまで見てきたイラン人の大半は、おそらく不法滞在者だったでしょう。

日本はビザ相互免除協定をイランの他に、パキスタンとバングラデシュとも結んでいました。この二つのイスラームの国からも若者たちが来日してきていました。そしてイラン人同様、在留資格を持たないまま日本で働いていたようです。就労目的の来日はパキスタン人とバングラデシュ人が先行しており、それに影響されてイランからの来日が相次いだと見るのが正しいでしょう。

彼らが帰国せずにおれたのは、彼らの滞在の不法性を疑いつつも——あるいは認識しながらも——彼らを雇用した事業者たちが数多くいたからです。なぜそんなことを、と思うでしょうが、それだけ人手不足だったということなのです。日本の労働力不足はかなり以前から深刻な状態で、いまに始まったことではなかったのでした。それなのに、いまも対応に追われ続けているのは、政治が抜本的な対策を講じえていないということなのでしょう。

パキスタン及びバングラデシュとのビザ相互免除協定は一九八九年に停止されました。イランとの協定は一九九二年に停止されます。この措置以後、不法就労目的の来日は激減したようです。措置以前に来日していた三つの国のムスリムたちは、措置以降も変わらず働き続けました。そして蓄財をしてから出頭し、帰国していきました。イラン人はピーク時には国内に約四万人と推計されていたようです。それが二〇二三年末の時点で四三一三人になっています。

3　新たに来日するムスリム

帰国せず、在留資格を得て日本に定住したムスリムも少なくありません。滞日中に日本人女性と結婚し、「日本人の配偶者等」という在留資格を得たムスリムがそれにあたります。さらにその資格を

「永住者」他に変更したムスリムも多いようです。どの資格の持ち主であれ、彼らの大半はまだ現役真っ只中です。

それらの在留資格を有する人物が経営者であるなら、人材を出身国から呼び招くことも可能になります。在日のムスリムの相当数が中古車輸出業に携わっていることはご存じでしたか。日本製の自家用車はもとより、ショベルカーなどの工事車両は世界で高く評価されているようです。おそらく四七都道府県すべてでムスリムが中古車業を営んでいるでしょう。経営者はビジネスをサポートしてくれる信頼できる人材を、郷里を同じくする者や親族のなかから選び、合法的に来日させることができます。気の置けない同士が力を合わせ、ビジネスを発展させていくのです。私たちが手放した車が彼らの手を経て、いまドバイに向かう海の上かもしれません。

近年ではインドネシアのムスリムが数多く来日するようになりました。彼らの大半は技能実習生です。技能実習生とは、日本の優れた技術を学んで母国に移植することを期待された人たちのことです、本来的には。しかし現実には日本各地の人手不足に悩む労働現場を支える人材たち、といえるでしょう。二〇二三年末時点の在留インドネシア人は一四万九一〇一人です。ほぼムスリムと見て、間違いありません。彼らは、日本人がやりたがらない——そのために人手不足に陥《おちい》っている業界の——仕事に励んで、日本社会を支えているのです。

イラン人、パキスタン人、バングラデシュ人、そしてインドネシア人。彼らはイスラームとともに来日してきました。彼らは豚肉を食べずお酒を飲まないはずです。一年のうち一カ月間の日中を、飲みも食べもせず過ごしているはずです。そして一日五回の礼拝を欠かさないはずです――例外的な人はいるでしょうが。彼らと直接に接し始めた日本人は、イスラームという宗教をリアルに感じ始めたに違いありません。

4　神への祈りとムハンマド

ムスリムは一日五回、聖地メッカの方角に向かって祈ります。一日の最初の祈りは夜明け前の祈りです。ということは暗いうちから起きなきゃいけません。私たちにはとても無理、と叫んでしまいそうです。ムスリムにいわせれば、慣れるとどうってことはない、むしろ規則正しい生活ができて健康的、なのだとか。

お祈りをするタイミングは太陽の位置によって決まります。ですから、夏の夜明け前と冬の夜明け前とでは時間が異なるので、起床時間も違ってきます。その時間に少しくらい遅れても気にする必要はないようです。あるいは（移動中のためか仕事のためか）お祈りできなかった場合には、次の機会に二回分、祈ればよいとのこと。私たちはイスラームを、義務やタブーがいっぱいの厳しい宗教と思い込んでいそうですが、かなり融通が利《き》くのです。

この祈りに関し、神は人間にこう命じています。「合同礼拝の日の礼拝の呼びかけが唱えられたならば、アッラーを念じることに急ぎ、商売を離れなさい」。このように聖典『アル・クルアーン（コーラン)』に書かれているのです。神にいわれたなら従うのは当然のこと。みんなで、合同で礼拝するための場所に向かいましょう、そこがモスクと言い慣わされてきた場所、マスジドです。みんなで祈れば絆も生まれます。大人数を収容できる空間はイスラームには欠かせないものです。

ただ合同礼拝の日でないなら、マスジドに行って祈らなければだめだ、ということはありません。清潔で静かなところでなら(祈りに集中できるところなら)場所は問わないそうです。

どこで祈ってもいいなら、みんなで祈らなくてもいいじゃないか、と思うでしょう。確かに、祈りは神と人との対話だそうですから、一人で十分な気がします。しかし週に一度、合同礼拝の日が必ず廻《めぐ》ってきます。なぜそうしなければならないかといえば、神がそう命じているからです。神のおっしゃることに異論を唱えるなどもってのほか。「神への絶対的従順」がイスラームなのですから。

その神について知っておきましょう。神とは唯一絶対の存在です。日本の神道《しんとう》にいう「八百万《やおよろず》の神」とは違います。その神をアラビア語でいうと「アッラーフ(アルラーフ)」。私たちに耳慣れた言葉でいうなら「アッラー」です。アッラーとは神の名前ではないのです。そもそも唯一の存在に名は不要でしょう。ですから「アッラーの神」というのは間違いです。ついでにいえば「アル」とは定冠詞で、英語の「The」にあたります。アル・クルアーンの「アル」、アルカリの「アル」、アルコールの「アル」もこれ。アルデバランもアルカーイダも、アルジャジーラもアルハンブラもこれです。

仏教では「如是我聞《にょぜがもん》」といいますね。「私は(お釈迦様の言葉を)このように聞きました」という意味で、聞いた内容がお経になっています。イスラームでは「私」にあたるのがムハンマド、「お釈迦様」ではなくて神です。ムハンマドとは神から、人間たちに伝えるべき言葉を預かった人、つまり預言者《げんしゃ》。それを信じるのがイスラームです。

ムハンマドは史上たくさんいる預言者のなかの一人です。が、最後の預言者です。神はアダムから始まってたくさんの預言者を人間のなかから選び、言葉を預けてきました。ノアもモーセも、イエスもそう。そして「最後」にムハンマドが選ばれます。ということは、神が人間に伝えてくれる言葉はムハンマドに預けたもので終了です。その言葉たちを集めて『クルアーン』が編纂されました。「神のお言葉集」です。

5 マスジド増加中

本筋に戻りましょう。イスラームが多人数収容可の空間を必要とする、というところまで。

日本にムスリムが増えているのですから祈りの空間・マスジドも増えるのは必然です。一九九〇年以前は四カ所だけでしたが、いまでは一三〇〜一四〇はあるでしょう。もっと多いと推計する人もいて、正確な数字を示すことができません。

仏教の寺の数なら何カ寺あるとはっきりいえるのは、各地の寺（末寺）を統括する本山が存在しているからです。イスラームの場合、総本山というべきマスジドは存在しません。日本各地のマスジドのほとんどは、各地に暮らすムスリムが「つくりたい」と考えて注いだ努力の産物です。個々のマスジドを横につないだマスジド連合など存在しません。何より、つなぐ必要をムスリムが感じていません。

それにしてもなぜ、そんなに「つくりたい」のでしょう。もちろん、まだないからですが、そもそもお金がかかります。つくったとしても自分の財産にはなりません——祈りの場はみんなのものです。さらに、地元の日本人たちに話を通すのは大変です——「マスジド反対」運動が起こる可能性もあります。実は、もう既にマスジドがある地域でも、新設を計画する人が絶えません。これは無駄じゃないか、と思ってしまいます。

つくった人には、死んだあとの天国で、神がマスジドと同様なものを建ててくださるのだそうです。ムハンマドの言行録『アル・ハディース』にそのように書かれています。だからマスジドが続々と設けられていきます。

ムスリムは『ハディース』を参考にしつつ『クルアーン』に従って生きる人たちです。そしてムスリムが死んだ後のこともちゃんと考えている人たちであることを知りましょう。日本人だって昔は、来世のことを考えて現世を生きていたのではなかったでしょうか。近頃あまり考えていないようです。

ともあれ、かくして北海道から沖縄まで、いまや全国各地にマスジドが開堂されるようになりました。マスジド不在県は現時点でいくつかありますが、全国制覇は時間の問題です。どの県にもムスリムの中古車輸出業者がビジネスを展開中ですし、国立大学（法人）があってそこにムスリムが所属しています。まだない県には、彼らがいずれ設けるでしょう。

滋賀マスジド（滋賀県草津市）。この写真は 2020 年秋に撮ったものです。ご覧の通り 2 階建ての民家で、傍《かたわ》らを通る人は壁面の小さなピクトグラムに気がついて初めて、ここがマスジドであることがわかるでしょう。撮影からは時が流れましたから、いま行けば改築されているか、あるいは他所へ移転しているかもしれません。あるいは写真のままかも……

マスジドの外観はオフィスビルから瓦屋根の日本家屋まで、様々です。イスラームの礼拝所だと気づかないで前を通り過ぎる人も多いと思われます。看板に「モスク」「マスジド」とあることが一般的ですが、「イスラーム文化センター」と表示されていることも多いのは、宗教色を外部に向けてアピールしない工夫と考えられます。マスジドには広い駐車場がつきものです。金曜の合同礼拝には多くが参集して来ますので、駐車スペースを確保しておかないと路上駐車で近隣の日本人に迷惑をかけかねません。鉄道駅から近いところにマスジドを開堂すれば駐車場は小さくて済みますが、そういう利便性の高い適地に建つ物件の購入費は高くなります。

6 マスジドにて

中に入ってみましょう。扉を開け、靴を脱いで上がると、手足（口中も耳も）を洗う水場が設置されています。ムスリムはお祈りする前に浄め——ウドゥといいます——を水で行うのです。女性の入り口は男性用とは別に設けられています。

手足を拭いて、次のドアを開けると広い空間に行き着きます。すると聖地メッカの方向がすぐわかります。マスジド内部にはキブラ（メッカ・カアバ神殿の方向）にミフラーブ（聖龕《せいがん》と訳される壁の窪み）がつくられているのです。女性用の礼拝スペースは男性とは別のところに用意されています——とはいいながら女性のためのスペースがないマスジドの多いことも現実です。

向かって右が男性用入り口、左が女性用入り口（三木マスジド／兵庫県三木市）。専用入り口から入って専用礼拝室に入った女性の姿を、男性が目にすることはできません。女性は好奇の目にさらされず祈りに集中できる、となりますが、このように二つの入り口が並んでいるマスジドは、少なくとも日本では稀有です。それどころか、女性専用の礼拝スペースすらない、というケースが一般的です。では女性はどこで礼拝を、となりますが、各家庭でそれを行うことが普通です。

イスラームでは偶像禁止ですから壁に絵像、彫像はありません。クルアーンを並べる書棚が壁際に置かれていたりします。訪れてくる日本人のためにイスラーム解説のパンフレットも積まれています。定められている五回の礼拝時間以外に行くと、クルアーンを一冊取り出して読み耽《ふけ》るムスリムの姿を見ることができるかもしれません。あるいは寝ているムスリムの姿があるかもしれません。マスジドは第一義的には祈りの場ですが、誰もがそこで自由に時間を過ごしてよいのです。ただし、他者の迷惑にならないように。

マスジドを大勢の人が訪れるのは、一週間では金曜の合同礼拝の日ですが、一年間では断食《だんじき》期間が終わった後に行われるイード・アル・フィトル、メッカへの大巡礼終了後に行われるイード・アル・アドハー（犠牲祭）の二回になります。イスラーム世界の二つの大祭です。普段マスジドに行かない——そういう人もこの日本にはかなりいるはずです——人も、イードだけは別です。

イードは祭りなのですが、一般的に想像されるような祭りとは違います。私たちの祭りでは酒を飲んで羽目をはずして大騒ぎ、が通例ですが、イスラームで酒は厳禁です。ですから、マスジドにやってきたムスリムたちはジュースなどを飲み、食事をして、周囲のムスリムたちと楽しく語らって、それで終了です。マスジドをあとにしたら、親戚の家を訪ねたり友人を訪ねたりして、楽しく時を過ごします。

金曜礼拝であれイードであれ、マスジドに行ってみたら日本人に出会うことがあるかもしれません。日本人のムスリムです。イスラームは外国のもの、ムスリムは外国人、という観念は大抵の日本人が持っています。いま、各地のマスジドに、日本人の姿が見られるようになってきました。

7　ムスリムはどこまで増えたか

ムスリムは日本に何人程度いるのでしょうか。早稲田大学の店田《たなだ》廣文《ひろふみ》先生がこの問題を考え続けてこられました。以下に出てくる数字はすべて、その研究成果から借用しています。

一九四〇年頃、その数値は千人前後であったようです。一九六九年には約三五〇〇人になります。二〇一〇年には一一万人にまで上昇しました。一〇万が外国から来日したムスリムで、一万が日本人です。そしてその日本人の大半がムスリムとの結婚を機に改宗した女性であろうと考えられます。

二〇一九年末では二三万という数字が計上されています。この二三万人のうち外国人ムスリムが一八万三〇〇〇人です。日本人ムスリムは四万六〇〇〇人と推計されています。日本人の多さに驚かれたことでしょう。さらにその日本人の内訳は、結婚を機に改宗した人が一万四〇〇〇人、子ども・若者の日本人ムスリム二万六〇〇〇人、帰化して日本人になったムスリム三五〇〇人、そして新たな入信者が二三〇〇人とされています。

なお二〇一九年から時が流れた現在では、インドネシアから働くために来日する若者たちが増加していることから、二三万よりも上積みされていることは確実です。少子高齢社会の近年の日本では人口減少が続いていますが、在日ムスリムの総数は増加傾向にあります。

二〇一九年データに戻りましょう。結婚を機に改宗した人が二〇一〇年の一万から、ほぼ一〇年を経て四〇〇〇人増えています。外国出身のムスリムと結婚した女性だけではなく、ムスリマ——イスラム教徒女性のことです——と結婚した日本人男性もここに含まれています。

ムスリムは誰とでも結婚できるわけではありません。同じイスラームを信じる者だけが結婚対象になります。ただし男性は、同じ「啓典の民」となら結婚は認められるようです。啓典の民とは、神が人間に示した書である啓典——『旧約聖書』『新約聖書』『クルアーン』——を信じる人々、つまりムスリムとキリスト教徒とユダヤ教徒です。そしてムスリマの結婚相手はムスリムのみです。日本人がムスリム（ムスリマ）との結婚を希望するなら、その日本人が男性であれ女性であれ、イスラームに改宗するというのが通例です。そして日本人が改宗して結婚しようというなら、相応の覚悟が必要になります。二〇一九年の一万四〇〇〇人は例外なく、人生で大きな決断をした人たちだと思います。

結婚相手にイスラームから改宗してもらえばいいじゃないか、と考える人はいるでしょう。気持ちはわかりますが、これは難しい。イスラーム法上、イスラームを捨てることは死に値するからです。そんなことは気にしなければいい（大切なのは二人の意志だ）、と思われるかもしれませんが、結婚相手のムスリムの親兄弟・親戚はすべてムスリムですから、お相手は絶縁されてしまうかもしれません。

改宗をして、結婚し、そして新しい生命が誕生したとイメージしましょう。ムスリムである親から生まれた子どもはムスリムです。カトリックでは赤ん坊に洗礼《せんれい》を施《ほどこ》しますが、イスラームにはそういう儀式はありません。とはいえ、その子は小さな頃から家庭で家族が祈る姿を見て、それを真似て祈ってきたはずです。『クルアーン』を学ぶよう周囲の大人から求められてきたと思います。断食をしたでしょうし、メッカに連れて行かれたことがあるかもしれません。こうして若いムスリムが育っていくのです。その子どもや若者たちが二万六〇〇〇人です。

「子どもや若者」と記しはしましたが、ムスリムが一九九〇年前後に来日し、日本人と結婚して親になったなら、その子たちのなかの年長集団はいまや三〇歳を超えていそうです。学校や職場に、二つの文化を知るハイブリッドな若者たちが活躍する時代なのです。

そして帰化して日本人になったムスリムが三五〇〇人。日本国籍を取得した人たちのことです。仕事や学業を進めていく上で日本国籍を持っていた方が有利であると判断されたのではないでしょうか。ただ、日本は二重国籍を認めていないので、出身国の国籍を放棄することが求められます。世界的に見れば二重（多重）国籍を世界の国々の三分の二以上が認めていることも、付け加えておきます。

そして新たな入信者です。二三〇〇人いると計上されています。結婚を機にでもなく、家庭にイスラーム色がないにもかかわらず、自ら進んで入信した人たちと考えられます。比較的若い世代の男性が多いように感じるのは、私のこれまでのフィールドワークの経験から。留学や仕事で海外暮らしをしていてイスラームに触れたことがきっかけになったとは、何人かから聞かせてもらったことでした。

彼らは、一日五回の祈りや食のタブーを意識しつつ生きることを選んだ人たちです。もちろん女性の入信者もおられます。彼女たちは入信にあたり、男性が持ったのとはまた異なる迷いの時間を過ごしたのではないかと推察します。何より彼女たちは、外出にあたり髪を覆わなければなりませんし、暑くとも肌を露出することを控えなければなりません。

なぜそんなことをしなければならないかですが、イスラーム法でそうなっているからです。ではイスラーム法は日本で定められている法律とどう違うのでしょう。これについては次章で説明します。ともあれ、女性であれ男性であれ、宗教的な制約が課されることを承知で改宗するのです。二三〇〇という数字を多いと見るでしょうか、それとも、まだまだ少ないでしょうか。

8　日本のイスラームの新時代

いまや日本で生まれたイスラームの子どもたち、あるいは幼少期に来日してきたイスラームの子どもたちが社会で活躍する時代となりました。彼らは日本語に堪能《たんのう》です。そして日本の文化のなかで成長してきました。日本という異郷で苦労を重ねた親の世代とは違います。

彼らの成長を見守ってきた外国生まれの親世代のムスリムたちも、日本文化・日本語に慣れてきました。日本人相手のビジネスに従うなかで日本に順応してきたようです。改宗した日本生まれの母親たちも、子どもが手を離れつつある時期を迎えるようになってきています。親世代のなかには、これからの若い世代のために、彼らが日本で苦労せず生きていける社会を築こうと頑張る人たちがいます。

老境に近づきつつありながら頑張っているムスリムに、近年結婚して改宗した日本人も、留学・海外赴任をきっかけに改宗した日本人も、合流していきそうです。もちろん日本で生まれ育ったヤング・ムスリムたちも賛同することでしょう。日本のムスリム社会が動きだしています。

イスラームが日本にとって身近になってから三〇有余年。新しい時代が、早くも始まろうとしているのです。

第7章　ムスリムもいろいろ——イスラーム②

1　ムスリムたちはどこから日本に

前章で外国出身ムスリム人口が一八万三〇〇〇人であると記しました。この人たちはどこから来日してきたのでしょう。

第一に挙げるべきはインドネシアです。二〇二三年末時点で一四万九一〇一人が在留するインドネシア人が、日本のムスリム社会における最大グループです。インドネシアでは総人口の九割近くがムスリムですから、日本に暮らすインドネシア人の大半もムスリムと見て間違いないでしょう。インドネシアの総人口二億七〇〇〇万はインド、中国、アメリカに次いで世界第四位です。その大半がムスリムなのですから、この国が世界最大のイスラームの国といえます。

それに次ぐのが在留者数二万七九六二人のバングラデシュと二万五三三四人のパキスタンになります。バングラデシュでも総人口一億六〇〇〇万——世界第八位です——のおよそ九割がムスリムで、総人口二億二〇〇〇万——世界第五位です——のパキスタンではイスラームが国教です。両国から来日した人のほとんどはムスリムと捉えてよいでしょう。ここまで記した三つの国の出身者を合算すると、ほぼ二〇万人です。

次に続くのはスリランカだと思います。この国の人口の七五％は仏教徒のシンハラ人ですが、一〇％はムスリムなのです。インド洋を往き来して活動したアラブ系の商人がこの島にイスラームを伝えました――インドネシアにイスラームを伝えたのも彼らだそうです。スリランカが植民地化されていた時代にはマレー系やインド系のムスリムがこの島に移住してきています。日本在留人口が四万六九四九人ですから、比率をそのまま適用すれば、日本国内には五〇〇〇近いスリランカ人ムスリムが暮らしていると推計できます。

とはいえ、在日スリランカ人ムスリムはもっと多いのではないか、という印象を私は持っています。日本にはスリランカ上座仏教の寺も建立されているのですが、寺に集まる人たちを含め、私がこれまで出会ってきたスリランカ人の多くがムスリムだったからです。さらにスリランカ人が運営主体になっているマスジドが国内にいくつか存在しているからです。ただ、この印象が的確であることを証明することは簡単ではありません。日本に在留する外国出身者たちが何を信仰しているかについての客観的なデータは存在しないのです。全国規模の調査が実施できればいいのですが、そのための人員と資金の調達が難しそうです。

2　イラン人とシーア派

スリランカに前後するのがイラン（四三一三人）になるでしょう。実はイラン人の日本での様子が、あまり伝わってきません。よく知られているように、イランはシーア派の国です。シーア派人口は世界のムスリムの一〇～二〇％であるといわれていて、主流であるスンニ派に比較すると少数派です。日本国内のマスジドもほぼスンニ派のもので、通常そこにシーア派ムスリムは出入りしていません。だからイラン人の日本国内での姿が見えてこないのです。

とはいっても、シーア派について何も知らないままはよくないと思います。ピュー・リサーチセンターはムスリムが二〇三〇年までに世界人口の四分の一に達すると予想していますが、そうなると世界の二・五％～五％がシーア派の信者になる計算です。地球上の全人類の四〇人に一人から二〇人に一人がシーア派になりますから、なかなかの数字です。またシーア派の国というとイランですが、この国は有数の産油国で、核開発を進めており、アメリカとは冷え切った関係にあって、その動向が気がかりでなりません。シーア派は看過できるものではまったくありません。

シーア派とはシーア・アリーのことです。シーアとは日本語で党派の意味。そしてアリーは第四代正統カリフで、ムハンマドの従兄弟《いとこ》にして娘婿《むすめむこ》であった人物です。つまりシーア派とはアリー党ということなのです。このアリーですが、ムハンマド死後の後継者をめぐる争いのなかで暗殺されてしまいます。さらにアリーの息子フサインもカルバラーの戦いで惨殺されてしまいました——フサインの死を悼む行事が有名な「アーシュラー」です。残された人々はアリーの血統以外は指導者として認めない、という立場を貫《つらぬ》きました。これがシーア派です。

このシーア派自体が幾つかに分裂していきます。イランにおけるシーア派は一二イマーム派と称されるものです。アリーを初代の宗教指導者つまりイマームとし、その息子のハサンを第二代、同じく息子のフサインを第三代とするのですが、第一一代が死んで後を引き継いだ第一二代は人々の前に姿を現しませんでした。彼は「お隠れ」になり、いまも生き続けていて、最後の審判の日に再び現れて人々を導く、としているのが一二イマーム派なのです。

最後の審判の日に再び現れる、とはどこかで聞いたことがありますね。キリスト教が同じようなことを説いていました。イスラームにもキリスト教と同じく——ユダヤ教や(もっと古い宗教の)ゾロアスター教にも——最後の審判の教えがあるのです。キリスト教では、イエスが再び地上に降りてきて(再臨して)、生きている者はもとより、すべての死者たちにファイナル・ジャッジを下すとされています。天国か地獄か、どちらに行くかのジャッジです。

人は皆、神の前に立って審判されることになりますので、現世で息を引き取った後、焼かれて骨灰になってしまうと神の前に立つことができません。ですから遺体は土に埋められます。何より『クルアーン』に、罪深い者は大火の灼熱《しゃくねつ》を味わうと書かれており、火葬されることと罪深さがリンクしてしまいます。イスラームでは、シーア派もスンニ派も、死後は土葬です。もちろんキリスト教でも、です――ところが人口密集地域でキリスト教徒に火葬のケースが増えてきているのは都市での墓地不足が原因です（衛生上の問題もあります）。

その死体が墓から地上に出てきて人間を襲う……となると別の宗教――ブードゥー教です――の話になってしまいますから、この方向に深入りしていくのはやめましょう。ただ、火葬が常識の現代日本ではゾンビが出て来ないことははっきりしました。安心してください。

在日のイラン人を加算すると、日本で暮らす外国出身のムスリム人口のほとんどにまで達します。残すところはアフガニスタン、マレーシア、トルコ、シリア、サウジアラビア、エジプト、スーダン等々からのムスリムたちです。

3　マスジド内部の多国籍な光景

私は最近、ドイツから旅行で来日したというムスリム青年と大阪市内のマスジドで会いました。彼の親がトルコからドイツに移住し、そこで彼が生まれたのだとか。また私は韓国ソウルのマスジドで、アメリカ出身のムスリムと韓国人女性との結婚式に参列させてもらったことがあります。さらに、台湾・台北と中国・四川省の清真寺《せいしんじ》（中国式でマスジドをこう呼びます）で台湾人・中国人のムスリムとお話させてもらいました。

ムスリムは世界中に暮らしています。日本にムスリムがいて多国籍であること、そしてその数が増えていることなど、もはや驚くほどのことではないのだと思います。いま、この文を読んで驚いているようでは、世界の流れから取り残されているのでは。

この日本に暮らすムスリムたちの共通言語は日本語です。礼拝を指導するイマームは参集したムスリムたちにフトバ、つまりお説教をするのですが、私はパキスタン出身のイマームが日本語でそれを行っている場に居合わせて、驚いたことがあります。彼が日本語習得のために注いだ努力を思い、感心しました。しかし失礼ながら、その日本語がよく理解できなかったことは否定できません。それでも、フトバに耳を傾ける外国出身ムスリムたちは、スマホをいじることもなく、微動も雑談もせずに座っておられました。この光景にも驚いたのでした。

4 インドネシア人、バングラデシュ人、パキスタン人は日本で何をしている

観光目的で来日する（そしてちゃんと帰国する）ムスリムたちはさておき、一年以上を日本で暮らすムスリムたちの来日の目的に照準を合わせましょう。まず、インドネシア人の在留目的を法務省の入管こと出入国在留管理庁による統計のなかにチェックしてみます。

最も多い在留資格は技能実習で七万四三八七人を数え、全体のほぼ半分にあたります。街の工場から地方部の農漁村まで、労働力の不足している日本の現場を支える若者たちは技能実習という在留資格によって日本で暮らしているのです。技能実習生は一般的には日本で三年間働きます。それ以上の

就労を望むなら、いったん帰国し、あらためて「技能実習3号」によって来日して追加の二年を過ごすことになります。この限られた期間内に彼らは自分の将来のために、また祖国の家族のためにお金を稼ぐのです。

彼らを雇用する――（建前では）彼らに実習の場を提供する――日本の事業者は、頼れる働き手に成長した実習生を期間が終われば手放し、その代わりを新たに来日させ育てなければなりません。実習生の側にも、もっと長く働きたいという希望がありました。そこで日本政府は二〇一九年から特定技能制度を導入することになります。在留資格「特定技能1号」はいわばエキスパートに対して認められるものです。技能実習生として高く評価されたなら、支障なく特定技能1号に移行することができ、最長で五年の就労が認められます。「特定技能2号」が得られるなら、在留期間の制限はありません。

この特定技能1号で在留しているインドネシア人が三万四二五三人います。彼らは人手不足が常態化している一二の職種で働いているのです。どんな職種か、おわかりでしょうか。農業・漁業・介護・建設そして飲食料品製造業はなんとなく想像がつきますね。加えて、宿泊・外食業・自動車整備・ビルクリーニングもそうです。さらに「素形材産業・産業機械製造業・電気電子情報関連産業（経済産業省はこの三つで一分野として扱っています）」、造船舶用工業、航空です。

本書は外国出身者とその宗教をテーマとするものですが、日本の労働の現状も知って欲しいという気持ちが抑えられなくなりました。蛇足になりますが、続けます。一つにまとめられている「素形材産業・産業機械製造業・電気電子情報関連産業」とは鋳造・溶接・メッキ・塗装・機械加工・プラスチック成形等々のことで、町工場の仕事をイメージしていただければいいでしょう。町工場の高い技術力は日本の誇りだと讃《たた》える声があるはずですが、その現場は外国出身の若い労働力を必要としているのです。華やかなイメージの航空の世界でも、手荷物や貨物の積んだり降ろしたりや航空機整備で人手不足は深刻です。

技能実習と特定技能を合わせると全体の七割強になります。そして留学の七七四一人を加えると全体の七八％まで上昇します。彼らは労働現場や学校といった限定的な空間で限定された期間を過ごし、帰国していきます。彼らと直接に接する会社や学校の関係者には、彼らの文化のベースであるイスラームを理解して欲しいと思います。

日本で暮らすインドネシア人には、在留資格「永住者」「日本人の配偶者等」「永住者の配偶者等」「定住者」も計一万三三二〇人います。全体の約九％にあたるこの人々は日本を「仮住まい」の地とは考えていないように見受けられます。彼等と日本人とは隣り合わせで暮らしているかもしれません。日本人が彼らのイスラームを知っておくことは重要ではないでしょうか。

インドネシア人よりも日本に――期間限定でなく――定着する傾向が強いのはバングラデシュやパキスタンの人たちです。彼らの在留資格をチェックすると、インドネシア人とは違う傾向が見出せます。

在日のバングラデシュ人では、「永住者」から「定住者」までの日本定着パターンが全体の二一％

ムスリム経営のヤード（兵庫県三木市）。シリア人が経営するヤードを見学させていただきました。私たちが手放した車は分解されずそのまま、あるいは部品にされて輸出されていきます。日本車は世界的に高く評価されているそうです。このヤードで働く人には、シリア人以外にエジプト人、そして日本人もいました。

を占めています。「技術・人文知識・国際業務」資格の持ち主は企業の被雇用者とイメージしうる人たちですが、それが二〇%で、「家族滞在」は二二%です。「技術・人文知識・国際業務」は家族帯同が認められていますので、「家族滞在」と連動しているかもしれません。在日バングラデシュ人の三分の二が日本人のお隣で日本人と変わらない日々を送っている、そんなイメージが浮かんできます。そして「留学」が同二六%と多いのですが、技能実習生は一一四七人に過ぎません。特定技能も二八五人ですから、出稼ぎ的な目的での来日は少数派です。

パキスタン人の場合では「永住者」から「定住者」までが全体の三七%で、日本定着の傾向はバングラデシュ人より強いといえます。「技術・人文知識・国際業務」と「家族滞在」とを合わせれば全体の四四%となり、彼らと日本人との近さが感じ取れそうです。そして特筆すべきは、「経営・管理」による在留者が九%(二二九〇人)であることでしょう。この九%が、既に述べた中古車輸出を生業とする人たちと考えられます。私自身、日本各地でパキスタン人と出会ってきましたが、多くはこの仕事に携わっている人たちでした。パキスタン人経営者の下で多くのパキスタン人が働いています。従業員が多国籍であるケースも多いようです。もちろん、日本人を雇用している経営者もいます。なお「技能実習」「特定技能」は実数にして八二人に過ぎません。

5　身近なムスリム

バングラデシュ人とパキスタン人は一九九〇年以前から日本で活動してきました。対して、インドネシア人の日本における歴史は始まったばかりです。この差が在留パターンの違いに反映されていると考えられます。在日キャリアが長くなれば住居を購入して定着し、企業に勤務し、あるいは自らが企業を立ち上げ、同じ国の出身者か日本人かと結ばれて家族を営み、子どもが成長して日本人と机を並べ、覚えて欲しくない日本の悪い言葉や習慣を身につけてきて悩みの種になっている……。

こうした人生を、比較的早くから日本に定着していたムスリムたちは既に経験し終えた頃です。インドネシアや他国出身のムスリムたちも、いずれこの道を歩んでいくと予想されます。さらにいえば、在日キャリアの長いムスリムたちにとって、自分が死んでからのことを考えなければならない段階に入ってきているといってよいでしょう。

こうなればムスリムたちは、やって来て帰っていくだけのお客様ではありません。隣人ですし、学校では同級生かもしれませんし、就職してからの同僚かもしれませんし、上役だったりもするでしょう。遊び仲間や交際相手でもありえます。スポーツの世界であれ芸能の世界であれ、メディアに登場する憧れのスターであるムスリムが既に何人も、日本で暮らしています。

日本を出て世界で学び働くにしても、その周囲に必ずムスリムはいます。二〇三〇年までに世界の四分の一がムスリムになると予測されていますから、イスラームを知らないままでは不都合ではないですか。

ただし、ムスリムだからといって誰もが同じレベルのムスリムでないことも忘れてはなりません。

日本人だからといって誰もが（外国人が評価してくれるように）勤勉だとは限らないでしょう。フランス人だからといって、誰もがオシャレであるはずはありません。ムスリムにもいろいろな人がいる、ということを知っておきましょう。

6　イスラームのおさらい

さて、イスラームを知りましょう。「基礎中の基礎」の確認です。

イスラームが授業で取り上げられたとき、「六信五行」について勉強したことがありますね。ムスリムが信じる六つ（神・天使・啓典《けいてん》・預言者《よげんしゃ》・来世《らいせ》・定命《ていめい》）と、ムスリムが行うべき五つ（信仰告白・礼拝・断食《だんじき》・巡礼・喜捨《きしゃ》）のことです。

6−1　六信のおさらい

あらためて六信のおさらいをしておきます。

「神」とは唯一にして絶対の存在です。あらゆるものをおつくりになった創造神《そうぞうしん》です。ユダヤ教の神もキリスト教の神も唯一絶対の創造神ですから、イスラームの神と同じです――イスラームの側はそう考えています。

「天使」も神がつくり給うたもので、神と人間とを仲介する役割を担います。六一〇年、ムハンマドがメッカ郊外ヒラー山の洞窟で瞑想しているとき、天使ジブリールが現れ、恐怖に震えるムハンマドにこういったそうです。

「読め、『創造なされる御方《おかた》、あなたの主《しゅ》の御名《みな》において。一凝血《いちぎょうけつ》から、人間を創られた。』」「読め、『あなたの主《しゅ》は、最高の尊貴であられ、筆によって（書くことを）教えられた御方《おかた》。人間に未知なることを教えられた御方である。』」

これがムハンマドに下された最初の啓示《けいじ》です。イスラームの歴史はここに始まるのです。ジブリールはキリスト教ではガブリエルで、マリアに受胎告知《じゅたいこくち》をした天使でもあります。

この啓示は「啓典」である『アル・クルアーン』に載っています。そして啓典には、ムハンマドが死ぬまで神から受け取り続けたすべての啓示（メッセージ）が集められています。ということは啓典『クルアーン』のなかに人間が語った言葉などなく、すべてが神の言葉だということです。神の言葉を疑うなど、血のかたまりからつくられた人間ごときに許されることではありません。

人間は神に従う以外ないのですから、神の言葉はルールのようなものです。そうであれば人間がルールを新たに作る必要はありません。イスラーム世界の秩序は神の言葉に従うことで、換言すれば『クルアーン』に準拠することで生成されるのです。『クルアーン』とはアラビア語で、読誦《どくしょう》すべきものという意味があるそうです。読誦とは声に出して読むこと。ジブリールはムハンマドに読誦を命じたのです、「読め」と。

ここで、ジンの存在も信じられていることを追記しておきます。ジンとは精霊《せいれい》や魔人などのこと。

『アラビアンナイト（千夜《せんや》一夜《いちや》物語《ものがたり》）』のなかのランプの魔人などはこれにあたります。これも神が自分に仕えさせるためにつくったとされています。

ムハンマドは神から言葉（メッセージ）を預かった人でした。「預言者」です――予言者とは違います。神が言葉を預けるために選んだ人間は数多くいて、アダムもノアもアブラハムもモーセもイエスもそうですが、ムハンマドは最高にして最後の預言者とされています。神がムハンマドの時代に、人間のための言葉をすべて伝え終わったから、ムハンマドで最後なのです。もしムハンマド以降に預言者を自称する人物が現れるなら、それは詐欺師《さぎし》だと非難されることになるでしょう。

「来世」を信じるとは、最後の審判の後に人間が天国あるいは地獄に行くことを信じるということです。どちらに行くかは、生きているときに行った善悪をすべてご承知の神がお決めになります。最期の審判がいつ始まるのかは神のみぞ知ることですが、かつて生まれて死んでいった無数の人々はそれが始まるまで待機を続けているのです。ムスリムは死んだらすべてが終わりだとは考えませんし、死んだ後に生まれ変わっていくことも考えていません。死んでからのことについて、ムスリムと日本人の考え方は大きく違います。

「定命」――予定とも運命とも表現されることがあります――は人間を含む万物を創造した神の、万物に対する定めです。この世で起こることはすべて神がご存じであり、神が定められたことはその時が来れば必ず実現するということです。善人が不幸な事故で早死にしたとしても、そのように定まっていたことなのだと理解して受け入れるのがムスリムなのだと思います。

6-2　五行のおさらい

「信仰告白（シャハーダ）」とは、「アッラーの他に神はない」「ムハンマドは神の使徒」という二つのフレーズをアラビア語で唱《とな》えることです。未信者は、信仰心篤《あつ》い二人の男性信者の立会いの下《もと》でこれを唱えることにより、ムスリムの仲間入りをすることができます。イスラームへの入信は意外と簡単です。

「礼拝（サラート）」は一日五回、聖地メッカの方角に向かって行われるものです。ファジュルは夜明け前の礼拝、ズフルは太陽が真上に来て影ができない頃（正午過ぎ頃）の礼拝、アスルは影が自分の身長とほぼ同じになった頃の礼拝で、マグリブは日没からの礼拝、そしてイシャーは就寝前の礼拝です。

礼拝は自宅であれマスジドであれ、あるいは公園の片隅であれ、清浄で静かな場所であるならどこで行ってもよいものです。同じ時間に同じ方向に向かって祈ることは、ムスリムたちの間に連帯感を生み出すことでしょう。マスジドでムスリムは肘と肘が接するほどに横一列になって祈ります。それは、神を前にして皆が対等であることを示しているのです。

礼拝時間が近づいてくると、マスジドに据《す》えられたスピーカーからアザーンが聞こえてきます。アザーンとは抑揚《よくよう》をつけた礼拝への呼びかけで、ムハンマドの時代から行われてきました。イスラーム圏に旅をして、朝まだ暗いのに歌うような「アッラーフ・アクバル（神は偉大なり）」が聞こえてきて

金曜礼拝（マスジド・イスティクラル大阪／大阪市西成区）。マスジド・イスティクラルといえばインドネシアの首都・ジャカルタにある世界有数の規模を誇るマスジドが思い浮かびます。この同じ名を持つマスジドが、在日のインドネシア人を中心とするムスリムの熱意によって 2022 年 1 月に開堂されました。マスジドの略称は MIO。マスジドから東へ約 1 キロ行けば大阪市南部のターミナルの天王寺で、その中心的商業施設が「天王寺 MIO（ミオ）」。マスジド 1 階にあるショップでは、MIO のロゴが入った T シャツ他が売られています。

飛び起きてしまった人はいませんか。ファジュルの呼びかけです。本来的には日本にあるマスジドでもアザーンを行うべきですが、それをやるとご近所から苦情殺到は必至ですので、控えられているのです。

「断食（サウム）」はイスラーム暦の九月の一カ月間、夜明けから日没まで飲食を断つことです。食に事欠いて苦しむ人の気持ちを思いやるため、ひもじさを体感するようにと神が人間に命じたのでした。もっとも、太陽が沈んでいる間ならこの一カ月間でも飲食は許されますから、半日の辛抱が一カ月続くということになります。なお病人や妊婦など、断食することが身体のマイナスになりうる人は、これを行う必要はありません。イスラーム暦九月は「ラマダーン」と呼ばれています。ラマダーンとは断食することだと勘違いしている人もいるようです。ちょっと違います。

イスラーム暦とは太陰暦で、私たちが用いている暦に比べると一年で一一日短いものです。ですから、四季のある日本では九年ほど経てば別の季節に断食が行われることになります。イスラーム暦九月が日本で蒸し暑い真夏にあたると、汗は出るのに水分補給ができないため、厳しい一カ月になるでしょう。どうして飲まないの、熱中症になっちゃうよと飲み物を差し出してくれる親切な日本人は多いでしょうが、ムスリムには事情があるのです。

とはいえ概して、私たちが心配してしまうほどにはムスリムは断食月を嫌がっていないようです。断食月が終われば大祭イード・アル・フィトルがあるからです。日本でいえばお正月行事に匹敵する、華やかな催しが待っているのです。友人たちと会い、親戚たちを訪ね、飲んで――もちろんアルコール抜きで――食べて楽しい時間を過ごすようです。その結果、断食前より太ってしまったということもあるらしく、そんなケースに対しては厳しいツッコミを入れてやりたくなります。

日本のノンムスリムのため、もう少し付け加えておきましょう。断食月の日没後、各地のマスジドではイフタールと呼ばれる食事が用意されます。信者でなくとも頂戴できますので、マスジド訪問計画を立案してみてください。ただし国内すべてのマスジドで一カ月の間毎晩提供されているとは限りませんので、事前に問い合わせておくべきでしょう。その方が無駄足を踏まずにすみますし、何より礼儀にかなっていることだと思います。

「巡礼（ハッジ）」とはイスラーム暦一二月八日から一〇日にかけて聖地メッカとその周辺で様々な行事に参加することです――この日程を外してメッカを訪れることは小巡礼（ウムラ）といわれハッジを行ったとは認められません。二〇〇万人以上のムスリムが集結してきます。世界中から誰でもメッカに来られるとなると大混雑必至、重大事故発生危険性マックスですから、聖地を管理するサウジアラビア政府は各国に対して聖地に入れる人数を割り当てているようです。

巡礼に行きたいのに行けない、というムスリムもいます。割り当てられた人数が（国内の総ムスリム数の多さにかかわらず）少ない国のムスリムは、自分の番が来るまで待たなければなりません。メッカから遠い国に暮らす貧しいムスリムには、旅の負担は極めて大きいものです。巡礼は義務とされているものの、義務を果たせず残念に思っているムスリムは世界に少なくありません。

メッカのカアバ神殿を反時計回りに（七回）廻《まわ》っている大群衆の映像を見たことがある人は多いの

ではないでしょうか。あれはタワーフといい、ハッジにおける主要行事です。私もあの輪のなかに入って信仰の持つエネルギーを体感してみたいのですが、メッカにはムスリム以外が入ることができないため、私の願いは決して叶《かな》いません。もし私たちの近辺に巡礼を果たしたムスリムがおいでなら、その功を労《ねぎら》ってあげてください。イスラーム世界でその人物は「ハッジ（女性の場合はハッジャ）誰《だれ》某《それ》」と呼ばれ、尊敬されるのです。それだけ巡礼は尊く、簡単に実行できるものではないのです。

尊敬といえば、救貧活動に勤しむ人物は尊敬に値します。よほどの資産家が善意によってそれを行うようにイメージされますが、この活動を行うことはイスラームの五行の一つになっています。「喜捨（ザカート）」です。とはいっても、ザカートが可能なほどの財産を持つ者にとっての義務であって、経済的な余裕がない者や困窮した者はザカートを受ける側です。そして受け取る側は、ザカートを支払えるほどの財産を築けるよう努力していくことが期待されるのです。ムスリムの間には慈悲の心が涵養《かんよう》され、貧富の差を越えた友愛の感情が生まれることでしょう。

集まったザカートの用途は第一に経済的に困った人のために、ですがそれだけではありません。たとえばイスラームに改宗したことで何らかの損失を被った人のためにも、神のための戦いに赴く兵士や布教者にも、病院・孤児院・教育研究機関で働く人たちのためにもザカートは供出されます。

さらには故郷を離れた旅人のためにも。教科書に載っていたイブン・バトゥータの名を覚えているでしょうか。彼は一四世紀に西アフリカからスペイン、南ロシア、中央アジア、インド、スマトラそして中国の北京まで、三〇年間の大旅行を行って『三大陸周遊記《さんたいりくしゅうゆうき》』を残した人物として知られています。彼は旅先でバイトをしながら次の訪問地への旅費を貯めていったわけではありません。ザカートがあったから彼の大旅行が可能になったと考えられるのです。お金を独り占めさせず、広く行き渡らせるシステムがイスラームにはあるようです。

この節では、六信五行《ろくしんごぎょう》を表面だけですが、押さえるべきところは押さえて、見てきました。深いところまでは私の能力が及びませんので、表面に触れて興味を覚えられたのなら専門書を紐解いてください。あるいはマスジドに出向いてムスリムたちに質問してみるのもいいでしょう。すると、イスラーム理解が人によって——彼らの語学（日本語・英語）力は棚上げして——いろいろであることに気づくかもしれません。

仏教や神道に親しんできたはずの日本人のなかにも、この日本の宗教をよく知っている人もいればまったくわかっていない人だって大勢います。在日のムスリムにも、このことはあてはまります。ムスリムにもいろいろな人がいると知っておけば、彼らとの付き合いが円滑になりそうです。

7　イスラム法とウラマー

前節で、神の言葉が守られるべきルールであることを記しました。ルールは人間がつくったものではない、ということです。私たちの国ではルールつまり法は必要に応じて人が整備します。法が現状に合わないとなると、改定したり、廃したりします。しかしイスラームでは神の言葉が法なのですから、それに手を加えるなど到底できることではありません。イスラームにおいて人が従うべき法をイスラーム法（シャリーア）といいます。

神の言葉が書かれている『クルアーン』がイスラーム法の源です。『クルアーン』にこう書いているから、これは正しい（あるいは間違っている）と判断されるのです。『クルアーン』を読んでも正しいかどうか判断が難しい、という場合には、ムハンマドの言行録『ハディース』が参考にされます。彼がこう言っている、このように行動した、という記録を判断基準にするのです。つまり『ハディース』がイスラーム法の第二の源ということになります。そして『クルアーン』からも『ハディース』からも判断が難しい問題が出てきたら、二つの法源を深く学んできた学者たちが相談して最適解を導き出すのです。

この学者はウラマーといわれます。イスラーム法学者です。インドネシアの第四代大統領を務めたアブドゥルラフマン・ワヒド氏やイラン第七代大統領ハサン・ロウハーニー氏はウラマーです。ウラマーは宗教指導者の側面を持ちますから、日本のメディアがウラマーに言及するときには――ホメイニ師というように――尊称の「師」をつけて表記しています。ただ「師」はついていても、ウラマーが私たちの知る僧侶とは違う、ということは知っておきましょう。僧は普通の人たちより神仏の近くにいるイメージですが、ウラマーは普通人です。神から見れば人はみな同じ。ムハンマドだってそうです――だから彼は崇拝対象にならないのです。

ウラマーだってただの人間なのですから、わからないことも迷うことも、間違うこともあるでしょう。世界中のウラマーたちは『クルアーン』も『ハディース』も学びぬいてきた人たちでしょうが、だからといって全員が同じ結論に達するとは限りません。実際、啓典の内容の解釈の違いから――スンニ派では――四つの学派が成立することになりました。ハナフィ学派、マーリキ学派、ハンバル学派、シャフィイー学派です。インドネシアはシャフィイー学派色が強く、パキスタンとバングラデシュではハナフィ学派が有力です。

各学派の違いを、私は到底追いきれません。ですからここでは、どうやらイスラームにもいろいろあるらしい、と納得するあたりで止まることにします。そうしますが、日本にはインドネシア人ムスリムもパキスタン人ムスリムも暮らしています。さらに他の国の――シャフィイーでもハナフィでもない法学派の国の――ムスリムたちもいます。在日ムスリムが一色で塗り尽くせないという現実を、もう少し認識しておきましょう。

8　様々なムスリマの衣装

日本人が街頭で外国人を見かけたとき、ムスリムだとはっきりわかるのはその服装からです。とくに女性の頭髪を覆うヒジャブがイスラームを主張しています。しかし時折、たとえば訪日客で賑わう観光地で、手と顔以外は黒い布で覆われた――チャドルを着た――ムスリマにも出会うことがあります。なかには目の部分だけが空いた服――ニカブといいます――をお召しのムスリマもいます。目の部分だけが網目になった全身を覆う服――ブルカです――の女性は、ニュース映像で見たことがありますね。イスラームの女性という点では同じなのですが、覆い方に違いがあります。そもそも、なぜ覆うのでしょう。

『クルアーン』に「女性たちの美を目立たせてはならない」というセンテンスがあるからです。この一節が、目さえも覆うニカブに結びついた国もあるのです。美を目立たせて何がいけないのか、と私などは思いますが、美に惑って善からぬ行為をしでかす輩《やから》がいることは確かで、美にうつつを抜かして神への祈りを忘れてしまう弱い人間も存在するから、ということになるそうです。女性の髪は美なのです。そして身体も。ムスリマは肌を露出しないよう心掛け、身体の線がはっきり出てしまう服装を避ける傾向にあります。

このため、スポーツの世界に進出するムスリマは稀少になります。競技で着用する衣装ではボディラインが出てしまいます。スポーツを志す娘を持つ親は、自分の子どもが好奇の目にさらされることになることを怖れ、許可をためらうでしょう。イランで唯一のオリンピックメダリストの女性はテコンドーの選手でした。この競技なら身体の線は隠れます。ただ、彼女はヒジャブを着用して試合に臨んでいたそうです。ですがいま、徐々にとはいえ、ムスリマがスポーツ界に進出してきていると耳にしました。となると、日本の柔道界はうかうかしておれません。柔道着ならムスリマは袖を通しやすいでしょう。

同じムスリマであっても身につける衣装は様々です。そういえば、日本の女性アイドルのコンセプトがインドネシアに持ち込まれて、四八人のガールズグループが結成されていました。ステージ上のメンバーたちの姿は、保守的なイスラームの観点からは疑問符のつくものだったのではないかと推察されます。とはいえジャカルタで彼女らへの反対運動が巻き起こったとは聞いたことがありませんので、彼女たちは受け入れられているようです。日本のグループと変わらない姿で歌い踊るメンバーを応援するのは若い男性ムスリムが圧倒的に多いでしょうが、ヒジャブで髪を隠したムスリマの姿も（ニュース映像に）見られました。その彼女たちのなかから次代のメンバーが現れてくるかもしれません。イスラーム大国インドネシアのムスリムも、いろいろです。

9 ムスリムのおもてなしにあたって

こうなってくると、ムスリムとはこういうものだ、とする固定観念が揺らいできます。まして在留するムスリムが多国籍である日本では、ステレオタイプのムスリム像にこだわるのはよろしくないかもしれません。ムスリムの多様性をこそ、認識しておくべきではないでしょうか。

友人になったムスリムに日本文化を知ってもらおうと旅に連れ出した、そんな場面を想像してみてください。宿泊先を温泉旅館にしてみたのは、もちろん日本情緒《じょうちょ》を味わってもらうため。最近ではムスリム観光客が増えていますから、温泉地に礼拝所が設けられているかもしれません。事前に確認しておいてあげるのがよいでしょう。そして和食でもてなし、大浴場で裸の付き合いです。宿の近くに古い神社があるなら、連れて行って参拝の作法を教えてあげるのも良いかもしれません。

が、意気込みはわかるものの、ちょっと待った、です。目的地を温泉に設定した時点で、疑問符が付きます。赤道から近いために年中暑い大地に暮らす人たちに、熱い湯に入るという習慣はありません。イスラーム圏とされるところは暑い地域が多いのではなかったですか。さらにムスリムは、女性であっても男性であっても、人前で肌をさらすことは好まないようです。

そして食事ですが、旅館の夕食に付きもののお酒はムスリムには厳禁です。豚肉もいけません。これについてはご存じでしたね。牛肉・鶏肉ならいいのでしょうが、イスラームの作法に則って処理された肉でないと受け付けられない、というムスリムもいますから気をつけてください。では海の幸を堪能してもらいましょう、となりますがここでも注意が必要です。煮つけであれ刺身であれ、醤油《しょうゆ》が使われます。醤油には、製造過程でアルコールが生じているのです。醤油と同じ発酵食品である味噌や酢もそう。味醂《みりん》にもアルコールは含有されています。さらには豚由来のラードやゼラチンを使用した食品も数多くあります。

これでは和食はほぼアウト、となりそうですが、アルコール含有率が極めて低い場合なら気にならないというムスリムもいます。またアルコール発酵を抑制して製造したハラール醤油も近年では出回るようになりました。豚肉由来のものであったとしても、それは既に化学的に変質して豚とは別物になっているため、口にして問題ないとする立場もあります。絶対拒否から容認さらには大歓迎まで、ムスリムの対応には幅があります。

そして神社参拝に誘うのも慎重であるべきでしょう――自分から「行ってみたい」と言っている人は別ですよ。ムスリムにとって崇拝すべき神は唯一です。日本の神社にはいません。気軽に考えればいいじゃないかと日本人は思うかもしれません。なにせ素晴らしい人に出会ったら「神降臨」とツイートし、面白い動画を見つけると「神動画」とはしゃぐ日本人ですから。しかし、神のことを気軽に考えないのがムスリムです。寺や神社が日本的な場所であることは間違いないですが、「手を合わせて、こんな風にやってみよう」といわれてもやらないムスリムが圧倒的多数です。彼らには日本文化を理解する気がない、と考えてはいけません。そんな風に善意に満ちて声をかける日本人は、イスラームという他（宗教）文化へのリスペクトを欠いています……善意は素晴らしいのですが。

様々な国からやって来た様々なムスリムが日本で生活しています。様々であるがゆえに、彼らに対してこう接するべき、という公式を提示することは簡単ではないように思います。ただ、彼らがイスラームを伴って来日してきていることを認識し、信仰心を持つ彼らをリスペクトすることが大前提です。

日本人は、生まれれば大人に連れられて神社に詣で、祭りを楽しみにして一年を過ごし、受験ともなれば寺社に祈願に行って、結婚式はキリスト教式で挙げ、息を引き取れば仏教式で送られる。このように表現されるとき、日本人は宗教に節操がないという否定的なニュアンスで語られていたように思います。この日本人の一生のなかにイスラームが加わっていくとは考えられませんが、子どもの頃から死ぬまでマスジドに通い祈りを続けた「節操のある」日本人――日本国籍取得者あるいは日本人と外国出身ムスリムとの間に生まれた人たち——が育ってきていることは確かなことです。日本の社会が、かすかに、ゆっくりと、ですが変わり始めようとしているのです。

第8章　アオラン姿の若者たちと電飾のブッダ
――ベトナム仏教

本章タイトルにあるアオランとは服の名前です。

作務衣《さむえ》を知っていますか。禅宗のお坊さんが掃除などの雑務をするとき着ているもので、最近では家庭でのくつろぎウェアにしているお父さんたちもいるでしょう。その作務衣に似た服がアオランです。僧服の簡易版といえます。日本にあるベトナム仏教の寺にやって来た人は、寺に何着も用意されているアオランを着て本尊に向き合っています。

必ず着なければならないわけではありません。とはいえ、行事があって多くが集まって来る日には、本堂に座るほとんどの人が着用しています。しかもほとんどが若者たちです。ご本尊前の空間がアオランの若い男女で埋まるのです。

こんな光景は日本のお寺で見られるものではありません。観光スポットでもないお寺で、多くの人が僧衣《そうえ》姿で集まって、しかもその大半が若い男女である、という光景は日本の寺ではありえないでしょう。ベトナム人は若者であっても、仏教を深く信仰しているように思えます。

さて、この章からは仏教に向かいます。日本の仏教とは違うところに感心し、日本と変わるところのない点に頷《うなず》いてください。

1　ベトナムと日本の仏教信者

ベトナムにおける宗教に言及したウェブサイトがいくつかあります。そこにベトナム総人口中の仏教徒の割合が記されているのですが、その数字が実に様々です。四・七九％、一二％、一四・九％があると思えば、八〇％、九〇％と記しているサイトもあります。小数点以下まで書かれているとリアリティがあって、それが正しいのかなと思ってしまいます。そうなると八〇、九〇はまったくの誤情報になりそうですが、根拠もないのにこんな大きな数字を書くでしょうか。

統計が信頼できないなんて、まったく困りものです。が、ベトナムの宗教比率に似たものが身近にありました。それが実に、日本の宗教についての数字です。日本の宗教団体を管掌《かんしょう》する文化庁が毎年発行している『宗教年鑑（令和四年版）』によると、日本の仏教信者は八三〇〇万人超です。仏教の諸団体が「ウチには信者がこれだけいます」と文化庁に届け出た数字を合算すると、こうなります。これは日本総人口のほぼ三分の二にあたります。それに対してＮＨＫ放送文化研究所が二〇一八年に実施した調査によると、「何らかの宗教を信仰している人」の割合は全体の三六％で、仏教の信者は三一％である——神道が三％でキリスト教が一％——という結果になっています。

ＮＨＫ放送文化研究所はさらに、「何らかの宗教を信仰している人」のなかで信仰心があると自認している人がどのくらいいるかを調べています。その割合は五三％だったということです。信仰している と答えた人に信仰心があるかどうかを質問したわけで、ちょっと意地悪な尋ね方だと思いますが、数値をそのまま受け取るなら日本の「本当の」仏教信者は三一％のほぼ半分、すなわち一五％前後であると捉えることが可能です。結局ベトナムにも日本にも、仏教徒はたくさんいるのか少しなのか、どっちなんだと迷いますが、日本人ならこの数字のギャップの理由を理解できるのではないですか。

日本人は先祖の命日にはお坊さんにお経をあげてもらい、盆《ぼん》や彼岸《ひがん》にはお寺に足を運んできました。仏教には子どもの頃から親しんでいて、そんな日本人たちのことをお寺側は信者と捉えてきたでしょう。しかし、いまや日本人と仏教との関わりは習慣的なものにとどまって、仏教という宗教を信仰していると明言できる日本人はおそらく多くありません。現実的な日本の仏教事情はこんなところだと思います。

ベトナムの仏教事情もこれに似ているのではないでしょうか。もっとも、檀家《だんか》制度は日本にしかありませんので、ベトナムの各寺が自分のところの信者の数を詳しく示すことは難しいと考えられます。とはいえベトナム人は昔から、祭礼や行事に際して寺に足を運んできたのでしょう。寺側は境内に集まる人々を仏教の信者として理解してきたのだと思われます。それが国民中の八〇～九〇％が仏教徒だとするウェブサイトの記述につながっていったのだと考えられるのです。要するに人々の多くは昔からの伝統の延長線上で寺と関わっているのであって、自主的に仏教を学び仏教に則って生活しようとする意欲において強くはない、というのが実情だと思われます。

日本人と仏教との関係はベトナム人と仏教との関係に似ているようです。かつては仏教色濃厚であったが世俗的な国に変わり、自覚的な仏教徒は少なくなったものの、人々の仏教的な意識はかなりの程度保持され、仏教行事も保存されている、という点で両国は似ています。しかもベトナムの仏教も日本のそれも、ともに大乗仏教です。あちらもこちらも、互いに親しみを感じ合うには十分です。

ベトナムの宗教について、もう一点だけ付け加えます。かつてこの国はフランスによって植民地化されていました。フランスはラオスやカンボジアも植民地化し、フランス領インドシナ連邦が成立していたのです。その影響は食文化に残り、フランスパン（バゲット）にパクチーはじめ様々な具材をはさんだバインミーはベトナムの国民食になっています。また日本が輸入しているコーヒー豆の四分の一はベトナムからのものですが、コーヒーは植民地時代から栽培されているのです。そしてフランスの宗教・カトリックもベトナムに根を下ろしました。カトリックは仏教徒の半分くらいのようですから、決して小さな勢力ではありません。

2　日本にやって来たベトナム人

二〇世紀後半のベトナムで、その行方《ゆくえ》を世界が注視した出来事がありました。社会主義の北ベトナムと資本主義の南ベトナムとの戦争です。ベトナム戦争は一九七五年に南ベトナムの首都サイゴンが陥落《かんらく》して終結し、南北は統一されてベトナム社会主義共和国となりました。

戦後、新体制と相容《あいい》れないがゆえに国外へ脱出しようとする南ベトナムの人々が相次ぎます。危険を承知で小さな船に乗り込んで逃れようとした人々はボートピープルと呼ばれました――いまも世界各地に新天地を求め祖国を脱出するボートピープルがいることを私たちは忘れてはなりません。

彼らを典型とする難民の支援を、日本政府は決定することになります。そして彼らを受け入れる定住促進センターが兵庫県姫路市と神奈川県大和市に設けられることになりました。加えて、ベトナム政府と国連難民高等弁務官事務所との間で「合法的出国計画」が合意され、これによって日本に定住した難民の、ベトナムに残っていた家族が来日して定住することも認められることになりました。かくして日本にベトナム人コミュニティが誕生したのです。

あれから月日が流れました。コミュニティが姫路市や大和市とその周辺に存在しているのは、この街が彼らにとって馴染《なじ》んだ土地だったからでしょう。また神戸市や大阪府八尾市にも成立しているのは、そこにベトナム人が働くことのできる職場があり、安価な住宅が揃《そろ》っていたからです。

それらのコミュニティではいま、日本定着第一世代が老い、第二世代が中心的存在となり、第三世代が大きく成長しようという段階を迎えています。在日の若い世代の結婚相手がベトナムから来日してコミュニティに加わることもあるようです。日本風の姓名を通称として用いたり、あるいは日本に帰化する人々も現れてきています。

彼らは日本に定住・永住する人たちです――在留資格としての「永住者」と「定住者」は、定住者に定期的な資格更新が求められる点を除けばほぼ同じです。そして彼らが多く暮らす地域やその近辺にはベトナム仏教寺院が建立されています。

3　さらに日本にやって来たベトナム人

その彼ら以外のベトナム人が近年、日本国内に急増しています。技能実習生として来日した若者たちのことです。二〇二三年末時点のベトナム人技能実習生の総数は二〇万三一八四人に達しています。彼らの働きぶりが高く評価された場合、当人が希望をすれば、実習期間終了後に最長五年の就労が可能な「特定技能」に在留資格を変更できます。特定技能によって就労しているベトナム人は現在では一一万六四八を数えています。技能実習と特定技能のベトナム人を合算した三一万三八三二人は、同時点での在留ベトナム人総数五六万五〇二六人の五六％にあたります。さらに付言すると、この約五七万人は日本に在留する外国人の総数の一七％にあたっています。

二〇一二年末時点で、ベトナム人技能実習生は一万六七二〇人でした。その時点での国内ベトナム人口が五万二三六七人でしたから、そこから一〇年を経てのベトナム人の増加ぶりは目を見張るものがあります。

それだけ日本の労働現場がベトナム人を必要とした、ということです。そしてそのニーズは今後も高まっていくと考えられるのですが、果たして日本の産業界の思惑通りにベトナムの労働力を確保できるかどうかは予断を許しません。日本だけでなく先進国は概して人手不足の状況に陥《おちい》っているため、若い優秀な人材は引く手あまたなのです。日本に行ってもお金が貯《た》まらない——給料安いしね（円高になってるし）——という評価が広まると彼らは日本を素通りして他国に向かうでしょう。その結果日本の労働力不足はますます進行し、遂には……という段階がすぐ近くまで来ていることを日本人は知らねばなりません。

ともあれ、日々仕事に励む若い彼らは仕事のない週末に、さらにベトナムの伝統行事のある日が休日にあたっているならなおさら、日本にあるベトナム寺院を訪ねてきます。寺は彼らが子どもの頃から慣れ親しんできたところです。彼らにとって寺は厳粛《げんしゅく》な宗教の場所というより、故郷を感じさせる場所であるかもしれません。

4 ベトナム寺成立以前

いまベトナム仏教寺院は——進行中の建立計画もありますが——私の知る限り、全国に一一カ寺存在します。所在地は兵庫県（三）、大阪府（一）、愛知県（一）、静岡県（二）、神奈川県（一）、埼玉県（二）、栃木県（一）です。このなかで埼玉・越谷《こしがや》市の南和《なんわ》寺が、日本で最も古くからあるベトナム寺になります。ベトナムを表す越南《えつなん》の「南」と、日本である「和」を寺名に持つお寺です。二〇〇六年建立となりますので、「古くからある」という表現は適切ではないかもしれません。

日本におけるベトナム人コミュニティの始まりを一九七九年の姫路定住促進センター開設——大和

市は一九八〇年です――とするなら、そこから四半世紀経ってのベトナム寺院開山となりました。他のニューカマーたちは日本に定着してから比較的早くに自分たちの宗教施設を設けていたように思います。それに比較すると、ベトナム寺が現れるまで時間がかかったと思うのですが、どう感じますか。長かった、ということにして進めます。ではなぜ、開山までこんなに時間がかかったのでしょうか。真っ先に考えられるのは、日本で暮らすようになったベトナム人にとって寺（仏教）はそれほど大切ではなかったから、という理由です。在留外国人を理解するために彼らが大切にしている宗教を知りましょう、というコンセプトを持つ本書には不都合な推測です。

慌てて抗弁しますが、ベトナム仏教寺院が南和寺以降、続々と姿を現している現実を見てください。寺など重要ではない、ということなら建立ラッシュとはならないはずです。

そもそも日本国内のベトナム寺は、本国ベトナムの仏教団体が資金提供して日本に設けた支院ではありません。日本に暮らすベトナム人たちからの寄付が、建立のための原資です――欧米在住ベトナム人からの寄付もあるようです。集められたお金で土地を買い、建物を改装あるいは新築し、仏像を本国から取り寄せて東南アジア風に電飾で荘厳《しょうごん》しなければなりません――電飾なしでもブッダは黄金色に輝いています。諸事お金がかかるにもかかわらず建立が続くのは、ベトナム人が寺を必要としたからにほかならないでしょう。

寺をつくるにはお金がかかります。そのお金も無限に湧いてくるわけではありません。となるとほぼ必然的に、寺は地価の安いところに創建されることになります。そうであれば最寄駅から徒歩圏内

精進寺（静岡県浜松市）。市街地から離れたところに、民家を改装して 2022 年に建立されたばかりのお寺です。立地が良好とはいえないので、寺を訪れるには自動車を使うことになるでしょう。敷地は広いですから、駐車に困ることはありません。この寺の住職は、私が訪れた 2023 年 2 月時点で、愛知県内の大学院で研究する学生でもありました。平日は大学院生として過ごし、週末に寺に帰っているのだそうです。信者たちは週末を待ちわびていたのではないでしょうか。

で、というのは厳しいかもしれません。しかし、たどり着きさえすればそこはベトナム。慣れ親しんできた景色がそこにあります。

5 ベトナム寺成立後

日本に出現したベトナムに平日に行くのはお勧めしません。本堂が施錠されている可能性が高いからです。住職に出会わないことすらありそうなのは、寺に住職が必ずいるとはいえないからです。週末か、行事のある日の訪問がよいでしょう。

日本にあるベトナム寺院では、僧侶が足りていないように思われます。二カ寺の住職を一人が兼務しているというケースがあります。住職が大学院に所属する学生であるため普段は寺にいられないというケースもあります。住職が寺にいないことは珍しくないのです。

ベトナム寺に行ったら剃髪《ていはつ》した何人もの男女の僧侶に出会ったとか、たくさんの僧侶が日本のベトナム寺で読経《どきょう》している画像を新聞やウェブサイトで見たことがある——それなのに僧侶不足というのは解せない——という声がどこかから聞こえてきそうです。しかしおそらく、ご覧になった僧侶たちのほとんどは日本に「短期滞在」で渡航してきた方々です。長期にわたって信者に接し続けることができる僧侶たちではない、と思われます。

現在ですら不足気味なのですから、ベトナム人コミュニティが成立して間もない一九八〇年代・九〇年代に、果たして日本にベトナム仏教僧がいたかどうか。仮にいたとしても、物理的な施設をつくるための資金を集めることは難しかったと推察されます。コミュニティのメンバーは難民だったのですから。そしてこれが、日本にベトナム仏教寺院が現れるまで長い時間を要したことの理由であると考えられます。経済力不足、それに加えて僧侶の不在です。

たとえ貧しくても力を合わせれば質素な礼拝堂くらいならつくれるだろうし、ベトナムから僧侶を呼び寄せてその生活の面倒を見るくらいはできるだろう、と考えることはできます。それが実現していれば本書のコンセプトに沿いますので、私としては嬉しいところです。ベトナム人にとって寺・仏教がいかに重要であるかは明白だ、「ほら見ろ」、とほくそ笑むことができますから。

しかし、もしお堂はできたとしても、ベトナムから僧侶を招くことは現実にはできなかったと思います。というのも、僧侶が日本に向かうにはベトナム政府からの許可を得なければならないからです。ところが社会主義の政権です。社会主義は宗教に対し統制的である傾向があります（ありました）。自国の僧侶が外国に行って宗教活動に従事することを歓迎しないでしょう。まして僧侶を招こうとしているのが、政権と折り合えずに国を脱出していった人々なのですから。

こうした僧侶不在が、二一世紀に入ってから解消されるようになったように考えられます。ベトナム政府の宗教政策が変わったのでしょうか――私にその真偽を確かめる能力はないのですが。大学院で仏教研究をするため来日する僧侶が現れてきたようなのです。その留学生僧侶を住職にいただいて、続々建立されていったのが日本のベトナム仏教寺院です。そしていまも学生身分である住職を補佐するため、本国から（同門の）僧侶が短期滞在で来日してきています。日本で働く若いベトナム人男女にとって僧侶は親しめる存在だと思います。年齢的に近いのですから。在日のベトナム僧侶に老僧はいないのです。

日本での定着を選んだベトナム人は、難民として来日してから四半世紀以上を経て、ようやく自分たちの寺を持つことができました。この間に彼らの生活も安定してきたことでしょう。寺への愛着はひとしおだと思います。

6　大勢の集まる寺

ベトナム仏教は大乗仏教《だいじょうぶっきょう》です。この点は日本と同じですが、細部にわたって同じとはいえません。ベトナム仏教は浄土教《じょうどきょう》を根幹とし、そこに禅と密教が混合されたものだということです。そして日本のように、いくつかの宗派に分かれている、というものではありません。さらに道教や儒教《じゅきょう》からの影響を受け、祖先崇拝《そせんすうはい》を重視するということで、中国の強い影響を感じ取ることができます。この点は日本に似ています。

こう書くと、私がベトナム仏教をわかっているような印象を与えるかもしれません。しかし本当にわかっているのかどうか、もやもや気分が残ります。教えの内容に深く立ち入る能力を私は持ちませんので、境内にある具体的なものを挙げていくことでベトナム仏教がどんなものかに迫りましょう。

私が知っている国内のいくつかのベトナム寺を頭のなかに思い浮かべて、そこで見てきたものを示していきます。

境内の露天に白い大仏を据えている寺がありました。白衣観音《びゃくえかんのん》や釈迦《しゃか》如来《にょらい》です。白衣観音は日本でも見慣れたものですが、白いブッダは南アジアを感じさせます。また、ある寺の一角に何枚もの絵馬が吊《つ》り下げられているところを見ました。日本ではお馴染みのアイテムですが、日本のものより厚みがあります。もちろんそこに文字が書きこまれていましたが、ベトナム語を読むことができません。おそらくお願いごとです。絵馬は神道《しんとう》由来のものでしょうから、ベトナム寺が新たに導入したものと思われます。

ステージが設置されている寺もありました。そこを主会場として晩秋の夜に催された「阿弥陀如来の法要」に私は列席したことがあります。電飾が輝く前でアオザイ姿の若い女性たちが舞いを披露し、アオランを着た大勢の参会者が手に手に蠟燭《ろうそく》を持ち、ステージに据えられた阿弥陀像に向かって僧侶たちとともに読経する様子は、現在地が日本であることを忘れさせるものでした。ステージは仏教色が薄い行事――例えば（やっているとしたら）カラオケ大会のような――のときにも使用されているかもしれません。

ベトナム寺が郊外にあって境内地が比較的広い場合には、宿泊設備もあるようです。埼玉県の大恩寺はベトナム人の「駆け込み寺」として知られ、劣悪な労働環境から逃げ出した技能実習生をはじめ困窮したベトナム人たちを多数受け入れていました。メディアで繰り返し報道されていましたから、この寺のことは多くの人に知られていることでしょう。ベトナム寺は避難所の役割も果たしているのです。そして寺を訪れる多くの人々のための食事を準備するキッチンが充実しているところも、ベトナム寺の特徴かもしれません。

寺で行われた結婚式に居合わせたことがあります。新郎がベトナムで新郎は日本のカップルでした。赤色のカンドンという帽子をかぶり、色を合わせたアオザイを着た新婦の美しさが目に焼き付いています。寺のキッチンで調理された結婚式料理の数々が美味しく、幸せのおすそ分けをいただきました。寺での経験なのですが、ただの寺ではないんだな、と強く感じた次第です。

ご本尊を祀る本堂に入りましょう。独立建造物としての本堂を持つ寺もあれば、二階建て家屋の二階部分を本堂とする寺もあります。入り口近くには鎧《よろい》を身にまとった一対の護法神像《ごほうしん》が置かれています。一方は長剣を持つ護法韋陀尊天菩薩《ごほういだそんてんぼさつ》。もう一方は旗を手に長い（長過ぎる）舌を出していて、面燃王菩薩《めんねんおう》というお名前です。この二神に護られる本尊には釈迦如来が多いようです。三世仏《さんぜぶつ》（阿弥陀・釈迦・弥勒）を本尊とする寺もありました。その他の仏像としては観音菩薩、地蔵王菩薩、布袋《ほてい》等々。四月の灌仏会《かんぶつえ》——お釈迦さんの誕生祭——には小さな誕生仏がたくさん堂内に並びます。

本堂の片隅に回向堂《えこうどう》と表現すべきでしょうか、遺影・遺骨のためのスペースを設けている寺があります。いま在日一世のなかから、この世を離れる人たちが出てきています。それだけの月日が流れたのです。ベトナム寺が建立されるようになった二〇〇〇年以降は、日本に定着したベトナム人が死を考えるようになってきた時期と重なるのではないでしょうか。一世が自らの死を意識し始め、二世が

面燃王菩薩《めんねんおう》（和楽寺／神戸市長田区）。青色のお顔に長い舌。ニュージーランドのラグビー・チームが試合前に披露する戦いの踊り（ハカ）でも、選手が思いっきり舌を出しています。相手への威嚇《いかく》の意味なのでしょう。もちろんこの菩薩が威嚇する相手は、仏敵。舌出し菩薩は、普通の貌で鎧兜《よろいかぶと》を身に着けた韋駄尊天《いだそんてん》菩薩（韋駄天）とペアで、寺を守護しています。ベトナム寺院ではほかに、冠を被った地蔵王菩薩や、手も足も揃った達磨《だるま》大師が海を渡っている像などを見ることができます。

供養について考え始めたために寺の必要であることが強く意識されるようになって、寺の建立が現実化していったとも考えられるのです。寺ができ、僧侶が供養してくれるなら、去る者も残る者も安心です。

寺の境内と建物をひと回りして、ベトナム仏教の寺が――少なくとも日本のなかのベトナム寺が――祈念する場であることはもちろん、供養の場であることがわかります。さらに加えて、大勢が集まりうる場であることが見えてきたようです。

こうしたことは日本仏教の寺にもあてはまって当然だったと思います。しかしいま日本の寺から、とりわけ集まりの場という側面が失われているように感じます。そしてさらにいうなら、ベトナム人たちには集まりの場が必要だったのです。

7 寺が賑わうとき

普段はひっそりしているベトナム寺ですが、いつ人が出入りしているのでしょう。

日本に定着したベトナム人のなかには、本堂で読経することをルーティンとしている人たちがいます。個人で、あるいは家族で寺にやって来ます。心が落ち着くのだそうです。亡くなった家族のため読経しに来るということもあるようです。本堂の鍵は共同管理されていますから、住職不在でも堂内に入れます。

寺が若い世代のための学校の役割を持つこともあります。若者たちの多くは日本文化の影響を受け、日本語に囲まれて成長してきています。彼らにベトナムを忘れて欲しくないと思う親・祖父母は多いはずです。そこで寺が、言語・文化を教える場として利用されるのです。利用にあたって遠慮をする必要はありません。第一世代・第二世代が寄付をして、ときには自ら工事に加わってつくり上げた自分たちの寺なのですから。

読経であれ教育であれ、周囲が騒々しいときはそれに向きません。人の出入りの少ない静かな、集中できる環境と時間帯こそ望ましいものです。そのため、この活動がどれほどに実践されているかは部外者には見えてきません。

見えてくる活動も、もちろん寺で行われています。多くの人が参加するベトナム寺の主要行事です。正月（テト）・盆（ブーラン）・中秋（チュントゥー）がその代表です。

テト＝お正月をベトナムは新暦でなく旧暦で祝うのです。労働法により五日間の連休が認められるほど、テトはベトナム本国で最も重要な祭事です。このテトの日、日本のベトナム寺も参拝者で賑《にぎ》わいます。ただテトが日本の週末に重なっていない場合には、仕事を休むことが難しいために参拝できず、正月を祝えません。そこでベトナム寺では新暦の正月三が日にも行事を行っています。旧暦でも行うことになるのですから、一年にお正月が二回です。

私は新暦の日曜にあたったテトを楽しむため、ベトナム寺に出かけたことがあります。若い男女がアオザイ姿で本堂を埋め、僧侶に合わせてよどみなく経を詠《よ》んでいました。その様子を見て、彼らが

2023年テト（和楽寺／神戸市長田区）。1月22日、日曜日にあたったテトに大勢の若者が仕事や学業から解放されて、寺に来てアオランをまとっています。彼らが導師に合わせ、よどみなく読経する姿・声が印象的でした。住職からお年玉――ベトナム通貨ドンのお札が入っていました（前年は日本の五円玉でしたが）――を渡されて喜び、ベトナム料理を食べて破顔し、写真を撮り合って談笑する彼らがつくり上げるテトの時間と空間は、まさしく幸福に満ちたものでした。

子どもの頃からこうしたお正月を過ごしてきたのだと確信しました。

読経の後、彼らは準備された故郷の料理を食べ、語り合い、写真を撮り合って楽しい時間を過ごしていました。この日、寺にいた若者たちは技能実習生か留学生でしょうか、どちらであれ親元を離れ日本で暮らしている人たちだったと思われます。家族と一緒に新年を祝えないものの、同年代の若者たちと過ごす時間は嬉しいものだったに違いありません。こうした空間を寺が演出していたのです。他に代わるものがないほどに、寺は重要な役割を果たしています。

寺には北ベトナムのテトの花であるピンクのホア・ダオ（桃の花）と南ベトナムのテトの花の黄色のホア・マイ（梅の花）が飾り付けられています。本尊前には正月に絶対欠かせないバインチュンとバインテトが供《そな》えられていました。名こそ違え、材料も調理法もほぼ同じの、ちまき料理です。バインチュンは北ベトナムのもので四角く包まれ、南ベトナムのバインテトは円筒形に包まれます。南北どちらからも、寺に集ってきているのです。寺は非日常的な空間だからこそ、そしてテトのような非日常的な時間だからこそ、普段ならばあるかもしれない人々を隔てる壁が寺のなかでは溶けてゆくようです。こうした溶かす働きを、寺がしているのです。

8　気軽に寺訪問

人を隔てる壁がない寺には日本人も入っていきやすいように思います。日本籍とベトナム籍という国籍の壁も溶けていくかもしれません。

魅力を感じた日本人は、中秋にも寺を訪ねてはいかがでしょう。日本では「中秋の名月を愛《め》でる」のフレーズで知られている行事です。元々は古代中国発の農耕に関連する行事ですが、ベトナムではいま「子どもの日」的なポジションになっているとのこと。ベトナムの子どもたちはこの「おもちゃを買ってもらえる日」「お菓子をいっぱい食べられる日」を待ち望んでいるようです。ベトナム人技能実習生に子どもはいませんので、この日に行けば日本生まれのベトナムの子どもたちに会えそうです。彼らなら言葉の壁はありません。プレゼントのお菓子を忘れないようにしましょう。

ベトナム人も日本人も、その多くは仏教という宗教を意識しないまま、寺との付き合いを続けてきたように思います。両国出身者には寺に集まることなど慣れたもの、のはずです。本書は日本人に、ベトナム寺に行ってみることを勧めます。ベトナム寺が近くにないのなら、日本仏教の寺にベトナム人に集まってもらうよう企画するのはいかがですか。いい交流ができると思うのです。もちろん日本人住職さんを巻き込まなければなりませんが、もう既にいくつかの寺がベトナム人のための行事の場を提供しています。

ただ、ベトナム人のなかの一定数がキリスト教を信仰していることを忘れないようにしてください。

第9章　ポイント貯めて生まれ変わり――上座仏教

1　大乗でなく小乗でなく上座

日本の仏教は大乗仏教《だいじょうぶっきょう》 Mahayana Buddhism で東南アジアの仏教は小乗仏教《しょうじょうぶっきょう》。「乗」とは乗り物のことで、日本仏教はたくさんの人を救える大きな乗り物なのに対し、東南アジアの仏教は一人しか救えない小さな乗り物。だから大乗の方が優《すぐ》れているのだ、という語りがなされていた時代がありました。差別的な意識がそこから滲《にじ》み出ているようです。日本の東南アジアに対する政治的・経済的優越の感情が背景にあったのでしょう。

いま小乗という表現はほぼ用いられておらず、上座《じょうざ》――あるいは上座部とすることも――とするのが一般的になりました。上座とは長老《ちょうろう》を指しています。長老とは学識豊かで徳の高い僧侶のこと。その長老の優秀な弟子たちがやがて長老になり、さらにその弟子がやがて自分の弟子を育て、その弟子が……と連綿と続き、釈迦の後継者である有徳《うとく》の僧侶を模範として修行に励む仏教が上座仏教 Theravada Buddhism です。

最初の長老は釈迦の謦咳《けいがい》に接した直接の弟子たち。その弟子たちが目標にしたのは師である釈迦でした。釈迦は人々の究極の模範です。だから上座仏教の寺で見られる仏像のほとんど——すべてではありません——が釈迦像なのです。像はお手本。モデルです。助けてくださいとすがりつく存在ではないのです、本来は。

大乗仏教の寺では釈迦はもとより阿弥陀や薬師といった（完全に悟りを開いた）如来の他、観音や文殊《もんじゅ》、普賢《ふげん》や勢至《せいし》などの（如来になるため修行を続けている）菩薩、不動明王《ふどうみょうおう》・愛染《あいぜん》明王らの（如来の教えに導くため厳しく人々を指導する）明王、そして毘沙門天《びしゃもんてん》や吉祥天《きちじょうてん》などの（仏法さらには修行者を守ってくれる）天部が祭祀《さいし》されていて、すがりつくべき存在が盛り沢山です。でも、それらは人間にとってのお手本ではないでしょう。日本のお寺で「お不動さんのようになりたい！」と燃えている人を見かけることは、まずありません。日本仏教と上座仏教、すがるのか模範にするのかという点で同じではありません。

2　涅槃へGO！

このちょっと違う上座仏教の寺で僧侶は修行をしているのですが、修行の目的はもちろん、釈迦がそうしたように、六道輪廻《ろくどうりんね》から解脱《げだつ》して涅槃《ねはん》の境地に入ることです。地獄《じごく》・餓鬼《がき》・畜生《ちくしょう》・修羅《しゅら》・人《にん》間《げん》・天《てん》のどこに生まれようと、苦しみから逃れることは決してできません。しかし、逃れる方法を釈迦はお説きになりました。戒律《かいりつ》を守り、八正道《はちしょうどう》を実践しなさいと釈迦は教えてくれたのです。この戒律と八正道に、少し触れておきましょう。

まず、涅槃へと向かう方法としての八正道について。大乗であれ上座であれ、仏教修行の基礎中の基礎がこれです。正見《しょうけん》・正思惟《しょうしゆい》・正語《しょうご》・正業《しょうごう》・正命《しょうみょう》・正精進《しょうしょうじん》・正念《しょうねん》・正定《しょうじょう》。正しく見て、考え、語り、行為し、生活し、努力し、思索《しさく》し、そして精神統一をすることです。なんだか簡単やん、できそうやん、と思ってしまいます。釈迦は自分の後に続こうとする人たちが頑張れるよう、わかりやすいガイドラインを示した優れた教育者だったのですね。関心を覚えたなら是非、実践してみてください。並行して、八正道の解説書にあたることもお薦めです。

上座仏教で八正道を実践する場所は寺。寺は結婚していない僧侶たちが修行をする道場です。僧侶とその家族が住んで運営しているものではありません。この修行僧たちの集団を僧伽（サンガ）――サッカーチームではありません――といい、そのなかで守られねばならないルールが「律」です。そして「戒」は一人一人が守らなければならないルールのこと。戒は仏の教えに生きようという人が守るべきものですから、出家した僧侶だけのものではありません。俗人であっても不殺生《ふせっしょう》・不偸盗《ふちゅうとう》・不邪淫《ふじゃいん》・不妄語《ふもうご》・不飲酒《ふおんじゅ》という五戒の遵守は基本です（そのはずです）。

上座仏教徒であれ大乗の仏教徒であれ、五戒が基本中の基本です。そして僧侶ともなれば、もっと多くの戒律を守ります。その数二二七で、比丘尼（女性僧侶）の場合は三一一にも――この数には異説があるらしいです。この戒律を遵守することが上座仏教では強調されますので、比較すればゆるい

（ように見える）日本の仏教の立場からは、上座仏教は厳格な、そして時に（揶揄《やゆ》的に）形式を重んじる宗教だと、思われてきたようです。

ここで、なぜそれほどまでに上座仏教はルールに厳しいのかと疑問が浮かびますが、答えはシンプルです。お釈迦様がそれをお決めになったから、という理由に尽きます。お手本的存在がお定めになった決まりです。守って当然ではないですか。上座仏教は初期仏教を引き継いでいるのです。

ということですから、日本人が上座仏教の国から来た僧侶と付き合うにあたり、まったく分け隔てせず、日本仏教の常識に基づいて接するのは考えものです。仲良くなろうとして上座仏教僧にネクタイをプレゼントしても無駄です。いくら西陣織《にしじんおり》でも、です。彼らは僧服（袈裟）しか身につけないですから。お酒を奨めてもいけませんよ。日本とは違うのですから（台湾やベトナムのお坊さんにも、大乗ですけれど、奨めないように）。

それにしても、元は一人のゴータマ・シッダルタから始まった仏教なのに、なぜこんなに違う二つの流れができていったのか。私が解説してもいいのですが、この問題に関心を持った読者の自発的な学びに任せるのが教育的というものです。私はここでは遠慮しておきましょう――といって逃げます。本書の出版元は仏教関係の書籍で定評のある会社です。良書をお買い求めください。

3　上座仏教の国々から来た人たち

上座仏教の国といえばミャンマー、タイ、ラオス、カンボジアそしてスリランカです。ミャンマーやタイは総人口の九割以上が仏教徒という仏教国です。ラオスとカンボジアでも、情報源によって信者比率の数字が異なるために明記は控えますが、仏教徒が圧倒的な多数派です。そして二〇二三年末時点で、日本にはミャンマー人八万六五四六人、タイ人六万一七七一人、カンボジア人二万三七五〇人、ラオス人三八五九人が在留しています。スリランカ出身者も四万六九四九人です。スリランカで仏教徒はほぼシンハラ人と認識され、シンハラ人は国民全体の約七五%を占めていることから――ヒンドゥー教徒のタミル人が一五%でムスリムのムーア人は一〇%――この比率を目安とすれば、在日スリランカ人の仏教徒数は約三万五〇〇〇と推定できるかもしれません。日本国内にいま、二〇万近くの上座仏教徒が暮らしていると認識して間違いありません。

次に、在日の上座仏教徒たちの在留資格に着目してみましょう。在日ミャンマー人八万六五四六のうち、技能実習生（技能実習1号イから3号ロまで）が二万六三五二人。これに「特定技能」で滞在する一万一八七三人を加えると三万八二二五人となり、全体の四四%がこの日本で、日本人があまり就こうとしない仕事に従事していることになります。

なお在日ミャンマー人が持つ在留資格のなかでは技能実習に次いで「特定活動」が多く、一万五九八三人を数えていますが、「特定研究等及び情報処理」や「ワーキング・ホリデー」のように細分化されている特定活動のなかで、どれにもあてはまらない「その他」という曖昧なカテゴリーに振り分けられている人が一万五二七二人（全体の一八％）もいます。これはおそらく、技能実習期間を終えたもののミャンマー本国の政情不安定のため帰国できない状況にある者たちに対し、人道的見地から日本政府が在留と就労を認めて付与した在留資格であると推察されます。日本人の傍《かたわ》らに慣れない環境下で働き、また望んでも帰国しえずに将来への不安を抱えているミャンマー人の少なくないことを、私たちは知っておきましょう。

在日タイ人が持つ在留資格のうち、「永住者」「日本人の配偶者等」「永住者の配偶者等」「定住者」を合わせると三万四四一八人となり、これは全体の五六％にあたります。在日ラオス人についても「永住者」から「定住者」までが合計一九五八人となって、これで全体の五一％となりますので、在日のタイ人とラオス人に日本社会に定着する傾向の強いことがうかがえます。在日カンボジア人では「特定技能」「技能実習」系で一万八八五一人となり、全体の七九％となりますので、隣接し合う東南アジアの四カ国は、労働力としての在留を主なるものとするタイプ（ミャンマーとカンボジア）と、日本定着を主タイプとするもの（タイとラオス）に分けてよいでしょう。

在日スリランカ人に関しては、「特定技能」「技能実習」系を合わせても二七四七人で全体の六％を占めるに過ぎず、「永住者」から「定住者」までの六五七五人も全体の一四％程度であることから、スリランカ人の日本在留パターンは東南アジア四カ国のそれとは異なるように見えます。ただ「技術・人文知識・国際業務」が一万二二二三人、「経営・管理」が一三六九人と多く、「家族滞在」が一万二三〇人を数えるところから推して、家族と一緒に暮らし企業に勤め、あるいは店舗を経営して日本に在留するパターンを、在日スリランカ人の一典型とみなしてよいかもしれません。

このようにタイプ分けして見せたのは、これらの国々を「途上国」と見て、そこからの来日者をデカセギ労働者と一括りにしてしまう傾向が日本社会にあるように感じるからです。かつて東南アジアの仏教を小乗と差別的に呼んだ意識の残滓《ざんし》のようです。

しかし統計データは、デカセギ的な在留が東南アジア・南アジアの上座仏教圏出身者の一部分に過ぎないことを示していました。日本人の新たな隣人は、何年かすれば帰国していく人ばかりではないということです。日本永住を決意している人に「いつ帰国されるのですか」と問うのは失礼なことでしょう(そこに悪意がなかったとしても)。きめ細かな心遣いを得意とするのが日本人というのであれば、新たな隣人の在留のタイプを知ったうえで彼らに接するのがベターです。

そして日本に定着する人たちの多いことを認識し、次世代、次々世代のことも見据えて彼らとの関係を築いていくべきだと考えるのです。そのために、これらの国々での仏教の存在感が日本人の想像の上をいくものであることも承知しておきましょう。そして私は、祖国の上座仏教が彼らの来日後、彼らの生活のなかでどうなっていくかを注視したいと考えているのです。

4　生活のなかの上座仏教

たとえばタイには——徐々に薄れていく傾向にあるようですが——男性として生まれたなら人生の一時期に必ず出家《しゅつけ》をしなければならないという社会通念がありました。タイだけでなく他の上座仏教の国々でも一時出家の習慣はあるようです。三カ月から半年程度を修行僧として過ごした後、還俗《げんぞく》していくというのはタイ人男性の定番生活様式です。僧院で修行をした経験を持つことがその人物の社会的な信用度につながるのだそうです。

日本には一時出家をさせてくれる寺院がないですし、何より、「ちょこっと出家」を許可してくれる学校や会社があるとは思えません。ただここでは、仏に帰依するのが当たり前、仏教の僧侶を尊敬して当たり前、とする文化が存在していることを理解しておきましょう。東南アジア諸国と南アジアの島で、仏教と国民の近さは相当なものです。

朝まだ早くに寺を出た僧侶の一団が、彼らを待ち受ける村の人たちから食事の布施《ふせ》を受けている。こんな托鉢《たくはつ》風景が上座仏教国の日常の一コマとして脳裏に浮かびます。この時いただいた食べ物を、僧侶は寺に持ち帰って朝と昼の二回に分けて食べます。以降は翌朝まで食事しない、がルールです。このお布施の際に女性が僧侶に触れることはご法度。僧侶が触れることもいけません。異性が修行の妨《さまた》げになりうるからです。お酒厳禁なのも理由は同じ。

お坊さんは（眠いだろうし、お腹がすくだろうし）大変だなぁと思います。同時に、托鉢のご一行を毎朝受け入れる人たちも大変だなぁと思ってしまいますが、そう心配しなくてもよさそうです。それがルーティンだから面倒を感じなくなっているというところもあるでしょうが、何よりお布施をして、修行に専念している僧侶を支えてあげることで徳を積むことができます。布施者たちはこのように考えているから、ご一行への奉仕を続けているのです。

解脱を目指すなら釈迦をモデルとして出家し、修行するのがよいのでしょう。しかし大抵の人間には――まして伝統社会に生きる女性には――家族も仕事も財産も捨てねばならない出家は難しいことです。自分が出家できない代わりに、修行に専念している僧侶を支えることで徳を積み、将来この世を去って輪廻転生となったときに再び人間界に（あるいは天界に）、できれば今生《こんじょう》よりも幸せな人として生まれたい。こうした考えが在家の人々の日々を支えているのです。「お徳」なポイントを貯《た》めればもれなく良い来世が約束される、というところでしょうか。

人はいずれ死ぬのですから、来世の生まれ変わりのことを考えておくのがこの社会の常識です。そうなるとポイントはできるだけ貯めておくべき。ポイントは他者に親切にするだけでもゲットできるはずですが、上座仏教国での托鉢風景から判断できるように、僧侶に奉仕《ほうし》するとかなりのポイントアップが期待できそうです。となるとお店に行かないと、ではなくて、寺に行かないと。

そばに僧侶がいないという状況があるなら、それは困りものです。寺がないのなら、寺をつくらなければ。

5　日本に渡ってきた上座仏教

神奈川県の北部に愛甲郡《あいこうぐん》愛川町《あいかわまち》があります。平野部が終わり丹沢《たんざわ》山地が始まるところで、住宅地帯を離れるにつれ山が眼前に迫ってきます。首都圏に暮らす人には耳馴染《なじ》んだ地名かもしれませんが、関西人である私は「ニューカマーとその宗教」研究に着手するまで知りませんでした。この地名にたどり着いたのは、在日ベトナム人が集まるベトナム仏教寺院を検索していたときです。

町を貫く中津川沿いにベトナム寺のあることがわかりました。よし行ってみよう、ということで詳細情報を収集していて、同じ町内にラオスのお寺とカンボジアのお寺があることにも気づきました。どうしてこの町に三つも、しかも東南アジアの仏教の寺が、と疑問が湧き上がります。

ベトナム仏教を扱った章にも書きましたが、ベトナム戦争終結後に確立された体制を好まず祖国を脱出して難民化する人々が相次いだことはよく知られています。ボートピープルとも呼ばれた彼らを日本も迎え入れました。そして彼らのために兵庫県姫路市と神奈川県大和市に難民定住促進センターが開設されたのです。そのセンターで来日後の日々を過ごしたベトナム人は、いまもセンターがあった街やその周辺に数多く居住しています。そして大和市と愛川町は近いのです。

ベトナム戦争は第二次インドシナ戦争ともいわれました。第二次世界大戦が終わった直後に始まった第一次（一九四六〜五四年）は、日本の敗走後にベトナム支配の復活を目論《もくろ》んだフランスとベトナム独立派との戦いです。戦線はフランス領インドシナ全域（ベトナム・ラオス・カンボジア）に拡大していたのです。そして第二次（一九六五〜七五年）の戦争すなわちベトナム戦争もインドシナ全域で戦われ、終結後に難民化した人々のなかにラオス人やカンボジア人も含まれていました。来日した彼らはベトナム人と同様に、定住促進センターで日本の言語・文化そして職業の教育を受け、センターから相対的に近い地域に住居と仕事を得て定着していきました。大和市と横浜市泉区にまたがる大規模団地にいま、彼らは数多く暮らしています。

6　神奈川県の東南アジア上座仏教

大和市から近い愛川町に三つの国の仏教のお寺が設立されているという事実は、多くのことを私たちに教えてくれます。まず、難民たちが自分たちの寺を欲して設立した、ということですから、彼らが仏教を大切にしていることがわかります。次に、ラオス人とカンボジア人が宗教的に合同していないことからは、同じ上座仏教の寺であっても国（言語・文化）の違いを越えて架橋することは容易でないことが想像できます。

できることなら居住地のすぐそばに寺を、と彼らは考えたでしょう。しかしそれでは物件取得のための費用がかさみます。少し離れたところでなら費用を抑えることができ、大勢が集まることができる広さを確保できて、近隣に苦情を申し立ててきそうな日本人住民は少ないだろう、と判断されて丹沢山地に近い愛川町に三カ寺が設けられたのでしょう。

ラオス寺院は、特定非営利活動法人・在日ラオス協会が運営する「在日本ラオス文化センター」です。そしてカンボジア寺は一般社団法人「カンボジア文化センター・クメールサマキ協会」として存在しています。どちらの建物でも仏像が祭祀されていますので、文化センターという名乗りですが、寺院と認識してよいでしょう。同じ町内のベトナム寺院については、大乗仏教の寺でもありますので、この章ではこれ以上言及しません。

ラオス人とカンボジア人が日本につくった寺は「センター」を名乗っています。それは寺を日本で建立するとなると、法的手続きがかなり大変だからと推測されます。日本語を母語としない人にとって、宗教法人格を得るための書類の準備はかなりの難題です。また「寺」と名乗らないことで、その敷地を仏教行事以外の目的にも使用しているとアピールしているのかもしれません。ともあれ、在日のラオス人とカンボジア人にとって、それぞれのセンターが重要な施設であることは否定しようがありません。

いまラオスとカンボジアの寺の各々には、在留資格「宗教」において複数の僧侶が暮らしています。というよりも修行をしています、と表現するのが正確です。その修行僧の食事の世話はもちろん、在日のラオスとカンボジアの在家の人たちが行っています。現場は祖国でなく日本に変わっているとはいえ、僧侶と在家の関係性は祖国でのそれと同じです。

難民となり日本で生きることを選んだ人々が祖国とつながり続けるためにつくり上げたものが、

ワット・ラオ・アイカワ（在日本ラオス文化センター／神奈川県愛甲郡愛川町）。ここは何だ？　とても気になるけれど、入っていいのか？　と迷ってしまうような外観です。私が訪れた時、散策からちょうど帰ってこられた僧侶に会うことができ、ためらいなく引き戸を開けることができました──もちろん事前に電話で訪問したいと連絡をしていました。3人の僧侶がおいででしたが、彼らは信者の世話をするため、ここにいるのではありません。修行するためにここにいるのです。

（センターを名乗る）寺という宗教施設であった、という事実を受け止めてください。日本人が彼らを知ろうとするなら、彼らの宗教を知り、理解を示す必要があるという本書の主張に頷《うなず》いていただけるでしょうか。

7 日本のなかのタイ仏教

日本国内に建立されているタイの仏教寺院にも目を転じましょう。二〇一二年時点のその数は一三でした。そのうち一〇はタンマガーイ寺院が日本の各所に設けた別院です。そして二〇二四年春時点のタイ寺院数は一九となって、六カ寺増えていますが、増加分中にタンマガーイの別院は入っていません。

タンマガーイ寺院とは、独自の瞑想《めいそう》法によって高学歴層から支持を集めて旧成長したタイ仏教の新勢力です。タンマガーイ寺院が日本に初めて建立されたのは二〇〇〇年のことでした。その進出目的の一つに日本人への布教があったと推測されます。この団体は瞑想指導をアピールして世界各地に別院を創建していきました。日本人の間にも彼らの瞑想法を広めたいという意図があったのでしょうし、確かに一部の日本人の間で瞑想への関心は高いものがあります。

この一〇年程度の間に日本に増えたタイ仏教寺院は、瞑想法をアピールして世界に広がるタイ仏教の寺ではなくて、タイ出身者が幼少期から馴染んできたタイ仏教らしい寺なのではないかと思われま

寺に隣接する庭園と、そこで寛《くつろ》ぐ僧侶（ワット・ラカン／神奈川県愛甲郡愛川町）。ラカンとは「鐘」のこと。ラーマ１世（在位 1782 ～ 1809）の時代に境内から黄金の鐘が出土したことで知られるバンコクの名刹ワット・ラカンの日本分院です。画面左の庭園には白いプラスティック製椅子に座る僧侶の姿が見えます――バナナの木も見えます。光景はまるでタイです。しかし冬になると、このワットで修行中の僧侶の何名かが帰国していくのだと、残って修行を続ける僧侶から伺いました。確かに、右肩を出してまとう彼らの僧服では、日本の冬は厳しいでしょう。バナナも収穫できそうにありません。

す。在日のタイ人を念頭に置き、彼らが在タイ時に実践していたのと同じ流儀で仏教に接することができる場所として、寺が日本に創設されているようです。

実は愛川町にはタイ寺院も建立されていました。タイの首都・バンコクの伝統寺院が日本ブランチとしてこの町に建立したのは、近くに住むタイ人が多いからだとは、僧侶に教えていただいたことです。建立資金としてバンコクの寺が（日本円にして）一億を超える額を供出《きょうしゅつ》したとも聞かせてもらいました。

在日のタイ人に定着志向が強いとは先に記しましたが、身近に落ち着けるタイ寺院があるなら、彼らの心身は安定することでしょう。

インドシナ半島四カ国の仏教寺院が愛川町に出揃《でそろ》っています。円安の時代には、日帰りで行ける東南アジアとして観光地化するかもしれません。でも、そうなったら僧侶の皆さんの修行の障《さわ》りになりますし、僧侶や寺に奉仕したい在家の人たちにも迷惑ですね。

8　日本のなかのスリランカ仏教

愛川町にはまだですが、スリランカ仏教の寺院も既に国内にいくつか建立されています。ただ、それらをスリランカの寺として紹介することに少々躊躇《ちゅうちょ》します。スリランカ人僧侶が代表者を務めていても、集まって来る人々の大半が日本人で、彼らは瞑想をはじめとする上座仏教の実践や教えに惹《ひ》かれているというケースがある一方、在日のスリランカ人の姿が目立ち、彼らは僧侶や寺の世話をするのに熱心である、というケースもあるからです。これを同等に扱うことには慎重にならねばなりません。

前者では日本テーラワーダ仏教協会が好例で、代表者は日本で多くの書籍や動画を提供し瞑想（冥想）集会を指導している著名なスリランカ人僧侶です。この協会傘下に幾つかのビハーラすなわち精《しょう》舎《じゃ》（寺）があって、週末には忙しい日常から解放された多くの日本人が足を運んできています。

後者のケースこそ、在留外国人とその宗教をテーマとしている本書にふさわしいのですが、そこに日本人の姿がほぼ見られない（スリランカ人中心である）となっていないところが、ベトナムやカンボジアの寺との違いです。一つの寺で時間と空間を共有しながら、日本人は瞑想や教学に向き合い、在日スリランカ人は僧侶の活動をサポートする（そして徳を積む）というように、棲《す》み分けているように見えます。そうであっても、こちらのタイプの寺なら、在日スリランカ人仏教徒にとってスリランカ人としてのアイデンティティを実感できるかけがえのない場所でしょう。

9　日本のなかのミャンマー仏教

二〇一六年にはミャンマー仏教の寺院も国内に開創されています。ホームページには「日本の方、ミャンマーの方に向けてテーラワーダ仏教を広める」と記されていますので、日本国内のスリランカ寺院（の後者）に近いと認識できます。もっとも、そうは謳《うた》っていても、創建から時間が経過して日本人中心になっているかもしれません。あるいは在日ミャンマー人中心になっているか、はたまた日本人とミャンマー人が並んで瞑想しているようになっているでしょうか。私自身まだ現地調査をしておらず、注目し続けたいと考えています。

さらに福岡市の吉塚市場《よしづかいちば》（商店街）で二〇二一年三月にミャンマーから黄金に輝く釈迦像が迎え入れられた、という報道を見ました。地域振興の動きの一環として「リトルアジア」をつくり上げ、市場周辺に住むアジア出身の仏教徒たちの心の拠り所をつくろうという意図からのことだと記事にありました。地域社会が仏（宗教）に頼ろうとしているのですから、地域を愛する人たちの目のつけどころを研究者として評価したいと思います。

とはいえ、果たして思惑通りにアジア出身の若者たちが仏像を中心に活気づくでしょうか。愛川町に四つの仏教寺院をつくった四つの国の出身者間に、交流はほぼなさそうです。在日ミャンマー人が——布施をするべきミャンマー人僧侶がいないのに——仏像に詣《もう》でるため頻繁に足を運んでくれるでしょうか。これも見守っていきたいものです。

調査すべき対象が絶えず、研究者は忙しい限りです。そして何より読者には、日本社会が新しい段階に入りつつあるらしいことを感じ取っていただきたいと思います。

10　徳を積んで生まれ変わり

上座仏教圏から来日した私たちの隣人はおそらく、死んだ後の生まれ変わりのことを考えている人たちです。輪廻転生《りんねてんしょう》を信じていますかと彼らに尋ねまくったわけではないので、断言は避けますが、おそらく。そう聞いて「えっ、そうなの⁉」と思った日本人だって、実は生まれ変わりをナンセンスだとは考えていませんよ。そのことを再認識しましょう。

たとえば「今度生まれ変わってもあなたと一緒に……」というセリフを思い浮かべてください。カッコいいセリフです。そもそも「カッコいい」と思うこと自体、生まれ変わりに悪印象が持たれていないことを示しています。このセリフをこれまでに口に出した人もいれば、言って欲しいと願っている人もいるのでは。「人が生まれ変わるなんて、ありえない！」と一蹴《いっしゅう》する人など、この国にはほぼいないのではないですか。上座仏教の人たちと同じです。

ただ、日本人はどうやら、次もまた人間に生まれると思い込み過ぎているように感じます。そんな都合の良いものではなさそうですから、油断しないように――油断すると人間以外になってしまったり、もっと酷《ひど》い世界に生まれてしまうかもしれません。また、上座仏教の人たちと日本人が違うのは、生まれ変わるために徳を積もうとしているか否《いな》か、ではないでしょうか。近頃の日本人はポイント集めに夢中になってきていますから、ここらで「徳ポイント」が後々の「お得」につながると意識すると良いのではないでしょうか。

上座仏教の隣人たちの来日そして定着を機に、日本人も意識的に得徳ポイントを積み上げていきましょう。他者に優しくして生きていくことが、第一歩です。もちろん僧侶にも奉仕したい、というならどうぞ頑張って。

第10章　巨大寺院とたくさんの尼僧たち
――台湾仏教

1　台湾の仏教

台湾にかつて、日本の宗教が渡っていきました。

台湾が日本の統治下に入ったのは一八九五年のことでした。日清《につしん》戦争後に結ばれた下関《しものせき》条約により、中国（清）が日本に台湾を割譲《かつじょう》したのです。日本による台湾統治は一九四五年まで続きますが、この間に神道《しんとう》の神社がいくつも造営され、伝統仏教の各派が進出し、新宗教もまた布教活動に従っています。

いま台湾の仏教が、日本に渡ってきています。日本による台湾統治が第二次世界大戦の終結とともに終わり、時が流れて、台湾に本部を持つ教団のお寺が日本に建立されるようになっているのです。また、ほとんどの日本人に知られていないでしょうが、これらの教団とは別の台湾の仏教団体が――お寺をつくってはいませんが――ボランティア活動によって日本に大きな貢献をしてくれています。台湾では一九八〇年代以降、世界中に支院・支部を設けるほどに仏教教団が元気なのです。

台湾は日本人に大人気の旅行先です。そして台北では、大半の観光客は龍山寺《りゅうざんじ》に足を延ばすのではないでしょうか。台湾最強のパワースポットなのだとか。地下鉄の龍山寺駅からすぐです。

龍山寺は台北市内最古の寺院で一七三八年に創建されたということですが、日本人の感覚からすれば、それで最古かと驚いてしまいます。実は、仏教の台湾への伝来は一七世紀のことだったそうです――なんでそんなに遅かったのか不思議です。龍山寺のご本尊は観世音菩薩ですが、その存在がかすむほどに多くの像が祀られています。三国志の英雄・関羽《かんう》（商売の神・関帝として祀られているのは彼が算盤《そろばん》を発明したとされることが一因）、航海の女神・媽祖《まそ》（天上聖母《てんじょうせいぼ》とも称され絶大な人気を誇る）、恋愛成就の神・月下老人《げっかろうじん》（「運命の赤い糸」を結ぶといわれる）等々、拝むべき対象は目白押《めじろお》しです。境内のあちらこちらで、朝から夜遅くまで、老若男女が熱心な祈りを捧げています。

寺というからには仏教のように思われるのですが、道教の神々も寺の人気の御祭神というのは、さすがに台湾だという感じがします。台湾の人たちは仏教と道教を厳密に区別することなく、ご利益に恵まれたいとき神や仏の前で真剣な祈りを捧げるようです。

しかしこの点で、台湾人と日本人は同じです。日本人も仏教の仏と神道の神とを区別するようなお堅いことはいわず、「有難い存在」に向かって手を合わせているではないですか。日台の違いといえば、神道はあまり像をつくりませんから、日本の境内で神像に手を合わせる姿を見かけることはないという点くらいでしょう。

2　発展する人間仏教

この道教も組み込んだ、ご利益信仰的な台湾の仏教が日本に進出している、というのではありません。台湾では一九八〇年代から、「人間仏教《じんかん》」というコンセプトのもとで活動するいくつかの教団が人々の支持を得て急成長を遂げてきました。台湾の四大仏教と称されている教団群で、佛光山《ぶっこうさん》・中台山《ちゅうたいさん》・霊鷲山《りょうじゅせん》・法鼓山《ほっこさん》がそれにあたります。慈済会《じさいかい》（慈済基金会）を加えて五大道場とする場合も一般的です。こうした台湾仏教のニューウェーブが、日本でも活動しているのです。

もっとも霊鷲山と法鼓山の日本での動向について、私は情報をまったく得られませんでした。よってこの二つは日本に進出していないと判断し、この章では残る三つに照準を合わせます。佛光山と中台山は日本に寺を建立しています。慈済会は、寺こそないですが、日本の地震・津波・水害等の被災地で支援活動を続けています。

さて、人間仏教とは何なのか、です。一人一人の現実の生活に寄り添い、心を癒し、人格陶冶《とうや》を促し、延《ひ》いては人間社会の進歩することを志向する仏教、と理解してよいように思います。現代人の生活に仏教の教えを活かそうとする試み、ともいえるでしょう。仏教の実践です。この人間仏教が人々の心を摑《つか》んだということは、かつて台湾の仏教は世俗社会と交わらず僧侶は寺での修行に集中していた、ということなのでしょう。

いま、台湾の仏教信者は総人口中のほぼ三分の一を占めるそうです。ここには龍山寺のような寺で祈る者と並んで、人間仏教に触れて自覚的な仏教徒になった人もかなり含まれていると思われます。そして日本に暮らす台湾の人たちのなかにも、仏教に心を寄せる人は少なくないでしょう。道教と混じり合った仏教を信仰する人もいれば、人間仏教に惹かれる人もいるはずです。

台湾人は二〇二三年末時点で日本に六万四六六三人が暮らしています。二〇一二年時点では二万二七七三人でした。在留資格としていま最も多いのは永住者の二万五〇一六人。そして日本人の配偶者等が四六一七人となっていて、合算するとほぼ三万になります。二〇一二年では永住者八六八四人、日本人の配偶者等二五四六人の計一万一二三〇人でしたから、なかなかの伸び率です。永住している人たち、そして日本人の家族である彼らの多くは日本語能力に不安がない人だと推測されます。となると日本人との接触頻度は高くなるでしょう。日本人が彼らの（仏教を含む）風習について知っておくことは意味のあることだと思います。

3　台湾社会と三つの仏教団体（1）　佛光山

日本で活動している台湾の三つの仏教団体を紹介します。

まずは佛光山から。本拠を台湾南部の大都市・高雄《たかお》に有し、臨済宗《りんざいしゅう》を名乗っている団体です。臨済宗は日本人にもお馴染《なじ》みですね。唐末期（九世紀）の禅僧・臨済義玄《りんざいぎげん》に始まる宗派で、鎌倉時代に栄《えい》西《さい》が中国（南宋）に渡ってこれを学び日本に伝えたことはよく知られています。佛光山は――後出の中台山もそうですが――禅の修行道場なのです。英語表記では Fo Guang Shan Monastery ――中台山は Chung Tai Shan Monastery ――となります。Monastery つまり修道の場です。

なお「臨済宗を名乗っている」と記しました。日本では、教えの内容の違いに基づいて多くの宗派が並び立ち、それぞれが僧侶・寺院そして信者を抱えています。対して中国・台湾の仏教界では、勢力を持つ寺院（僧侶）とその系列の寺院群によるグルーピングが形成されています。教義の差によって成立する宗派、というのとは若干違うようです。その台湾の佛光山が「臨済宗を名乗っている」のは、臨済宗という言葉を聞き慣れた日本人が佛光山を受け入れやすいように、との工夫なのだと思われます。

この佛光山は、高雄でも一、二の観光スポットであるという側面を持っています。最寄駅から直通バスに乗って半時間で着く本部には広壮という言葉が似合います。一度だけ私は行ったことがあるのですが、境内に巨大仏像はもとより、博物館や（菜食）レストラン、物販店、さらには（シアトルで開業した世界的チェーンの）コーヒーショップもあって、スゴイ凄《すご》いと驚きっぱなしでした。このスゴイお寺が高雄の郊外に出現したのは、そんなに昔のことではありません。

佛光山の創始者・釈星雲《しやくせいうん》（一九二七～二〇二三）は中国浙江省《せっこう》に生まれ、一九四九年に台湾に渡って活動してきた人でした。一九四九年は共産党との内戦に敗れた国民党が台湾に中華民国政府を移転させた年です。この年から台湾には戒厳令《かいげんれい》が布《し》かれています。戒厳令とは非常時に備え、自由な言論・行動に制限を加えて社会を一元的に統制することを認める戦時法です。大陸中国との戦いに備え、台湾社会は緊張した雰囲気のなかにあったに違いありません。宗教団体は政府が認める範囲内でしか、活動できなかったことでしょう。

この戒厳令が解除されるのは一九八七年のことです。台湾がとても長く戦時体制下にあったことを、グルメ目的でこの島に旅する日本人も知っておいていいと思います。さらに解除されたとはいえ海峡を挟んでの緊迫状態が続いている、ということも知っておきましょう。

政府による社会の締め付けは一九七〇年代後半から緩くなっていきました。背景には台湾の経済成長があります。六〇年代には軽工業の急成長によって農業社会から脱皮し、七〇年代に重化学工業が発展。そして八〇年代以降は半導体や情報通信技術で世界トップレベルに躍《おど》り出たのが台湾です。政府・国民党は台湾の民主化を求める内外からの声に抗しきれなくなってきたのです。

この社会の移り変わりに連動して佛光山も発展を遂げていきました。一九九〇年以降には外国にも寺院を建立するようになり、いまその総数は二〇〇を超えるまでになっています。日本では群馬県渋《しぶ》川市《かわし》、東京都板橋区、山梨県身《み》延町《のぶちょう》、兵庫県宝塚市、福岡市早良《さわら》区《く》に寺が建立されました。なかでも渋川市の寺（法水寺《ほうすいじ》）が規模において抜きん出ていて、日本本山と位置付けられています。短い期間に佛光山は台湾においてはもちろん、外国でも大躍進を遂げたのです。

佛光山のホームページにこの団体の活動内容が示されています。仏教を広めることを大目標とし、その実現のため様々な事業を展開していることがわかります。文化・芸術活動、幼稚園から大学までの教育機関の運営、慈善活動、瞑想や写経等の修行指導がそれです。

4　台湾社会と三つの仏教団体（2）　中台山

次に中台山に向かいましょう。佛光山と同じ臨済宗です。創始者の釈惟覚《しゃくゆいかく》（一九二八〜二〇一六）は中国四川省《しせん》に生まれ、一九四九年に台湾に渡ってきました。釈星雲と違うのは、彼が出家をしたのは台湾においてであったというところです。そして出家して二四年後の一九八七年、弟子たちとともに草を刈り、土地を均《なら》し、煉瓦《れんが》を積んで――このようにホームページで表現されています――最初の寺・霊泉寺《れいせんじ》を建立しています。その後ほどなく、一九九二年に台湾中部の南投県《なんとうけん》に中台禅寺を建立する計画が動き出し、二〇〇一年に落成となりました。ここも私は訪れましたが、驚くほどの建物です。長さ二三〇メートル。三七階建ての最高所は一三六メートルにもなります。

それにしても台湾の仏教建築の凄さには圧倒されます。そして台湾仏教団体の急成長にも脱帽です。中台山の場合、最初の寺を師匠と弟子の手作りでつくり上げたと思ったらその五年後には巨大建築の計画が持ち上がり、さらにその一〇年後に実際に完成しているのです。それだけではなく台湾内に九〇カ所以上の精舎（寺）があり、海外にも多くの分院が設立されました。日本には二〇〇九年に大阪府門真市《かどまし》に寺が創建されています。

相当な巨額の寄進があったからこそでしょう。日本でならマス・メディアのターゲットになりそう

中台山・中台禅寺エントランスホール（台湾南投県）。ここに見える四天王《してんのう》像のサイズからホールの広さを、そして寺の巨大さを想像していただけるでしょうか。広大な境内には博物館、菜食レストラン、さらに全寮制の学校も併設されています。世界で活躍する人材を育てる学校では日本語教育も行われていて、このコースで学ぶ高校生たちが修学旅行で来日し、門真《かどま》市の普東禅寺《ふとうぜんじ》にやって来ました。彼らから聞いたところ、普段の寮の食事はベジタリアンですが、週末に実家に帰ったときにはアレとかソレを食べているそうです。育ち盛りですからね。

なものです。台湾でもターゲットにされたようですが、カルト扱いされているわけではないようです。なぜなら、いまも観光客がたくさん訪れているのですから。

中台山の活動内容は佛光山と大きく異なるところはないと判断してよいでしょう。ホームページには、仏教を広め人心を安定させることを大目標としているとありました。そのために「三つの教育体系」を前面に押し出していると謳っています。

一つ目は僧侶教育です。仏教普及を担う僧侶を育成するため教理教育を徹底し、様々な鍛錬を通して福徳を積み上げさせ、座禅によって自己を見つめるよう指導しているということです。二つ目は社会教育で、各地に精舎をつくって座禅指導や精進料理・書道・生け花等々の教室を開催しています。また出版活動や博物館運営等の文化活動、福祉や慈善事業にも尽力しています。そして三つ目の学校教育では、小学校から高等学校まで、社会に貢献しうる人材の育成に努めているということです。

5　台湾社会と三つの仏教団体（3）　慈済会

三つ目の慈済会《じさいかい》（慈済基金会）へと転じます。臨済宗の尼僧・釈證厳《しやくしようごん》（一九三七〜）法師と四名の出家弟子、そして信者である三〇人の主婦たちによって一九六六年に発足した団体で、台湾東部の花《か》蓮県《れんけん》に本部を持っています。原点は「愛と善の心を結集して貧しさや病に苦しむ人々を救いたい」という法師の願いであったということです。

発足当初、弟子たちはベビー用の靴作りで少しずつお金を貯めていったそうです。もちろん苦しむ人たちのために使うお金です。また法師は会員になった信者たちに竹筒を渡して、毎日五毛——一元の半分——をおかず代から節約して筒に貯めるよう指導したといいます。なぜ月に一度にまとめないのかという会員の問いに、僅かな金銭ではあっても人を愛し救う心を毎日貯めていって欲しいのだ、と法師は答えたそうです。こうした慎ましやかな活動が徐々に台湾の人々に受け入れられていきました。

慈済会の活動内容は「四大志業・八大法印」と表されます。慈善・医療（病院経営）・教育（小学校から大学院まで）・人文（刊行物や放送によって人々に愛の大切さを訴えること）が四大志業で、さらにこに国際援助・環境保全運動・骨髄寄贈・地域ボランティアを加えて八大法印というのです。私は花蓮県の本部に行ったことはないのですが、台北にある「人文志業センター」を見学させていただいたことがあります。案内してくださったのはボランティアの女性でしたが、このセンターの充実ぶりに自信を持っていること、そして慈済会を誇りに思っていることが、その語りから伝わってきました。

慈善と国際援助の具体化ということになるでしょうか、慈済会は世界中の災害被災地でも炊き出しや物資配布の活動に従事してきています。東日本大震災被災地でも実際に被災者に寄り添ったのはもちろん、震災の年の半年間で二五市町村九万七〇〇〇世帯に義援金配布を行いました。世帯ごとの人数に合わせ、現金を被災者に直接給付したのです。総額は五〇億円です。いま大災害が発生すると、義援金が世界中から送られてきます。しかし集まった善意をどの自治体にいくら、さらに誰にいくらお渡しするか、を決めて実際に行動に移すまでには相当な時間を要してしまいます。一方で被災者はすぐに使えるお金を必要としていました。慈済会の直接給付は思い切ったやり方です。

配布は公民館や学校で行われましたが、この会場には竹筒の義援金箱が設置されて被災者にも義援金を募っていたそうです。集まったお金は、さらに困窮している人のために充《あ》てられました。こうしたやり方も慈済会らしさを表していますので、紙幅を取って記しておきます。そして、こうした支援のために台湾および日本から動員されたボランティアは延べ四万人にのぼります。こうした支援を慈済会は、世界に頻発する災害の現場で行っているのです。

ここで、慈済会の活動の根幹に仏教のあることを確認するとともに、慈済会が仏教を広めることを目的としていないことを敢えて表明していることも強調しておきましょう。さらに、佛光山も中台山も被災者支援を行っていますが――そして仏教を広めることを目標に掲げていますが――その機会を利用して仏教を広めようとしているわけではないことも明記しておきます。

6　団体の急成長と尼僧の存在感

既に記したように、台湾の仏教団体は一九八〇年代から急成長を遂げています。豪壮な本部を建築するということはそれだけの資力を持ったということですし、活動範囲が隣近所限定ではなく飛躍的に拡大しているのは、資金面のみならず人材面でも充実してきたことを示すものです。それにしてもなぜ、急成長を果たすことができたのでしょう。

また、台湾の本部を訪れると、そこで出会う僧侶の多くが女性であることに気づかれるでしょう。日本にある精舎（寺）を訪れても、尼僧にしか会いません。佛光山も中台山も、そこで修行する僧侶――佛光山では約二〇〇〇人が修行しているそうです――の七〜八割は尼僧だそうです。驚きの数字です。尼僧といえば高齢とイメージしてしまいがちですが、台湾仏教では若い尼僧がたくさんいるのです。彼女たちは例外なく剃髪し、肉や魚を口にせず、寺に住んで修行に明け暮れています。結婚はもちろんできません。なぜ台湾仏教では女性がこんなにも活躍しているのでしょうか。

台湾で仏教が伸張した時期は、台湾産業の発展期に重なっていました。戒厳令《かいげんれい》が解除された後であり、人々はいわば日に日に明るくなる空の下で心晴れやかに暮らしていたようにイメージされます。そんな時に宗教（仏教）を必要とするなどありえない――神頼みしなければいけないような困ったときではないのですから――と思われるのですが、それがありえています。

人間《じんかん》仏教を掲《かか》げる仏教側は人々のなかに入っていこうとしました。それを受け入れて参禅《さんぜん》したり写《しゃ》経《きょう》に励《はげ》んだのなら、人々はそれを契機に自分を見つめ直そうとしたのかもしれません。慈善活動に合流していったのなら、他者のために働きたいという思いがあったのです。精進《しょうじん》料理や書道、生け花に関心が動いたなら、時間的・経済的余裕が生まれているということでしょうか。これらの様々な思いの背景として、生活レベルの向上を指摘して間違いないでしょう。

台湾社会は大きく変わろうとしていたのです。しかしそれでも、女性は男性と比べて評価されにくい状況が続いていたと考えられます。台湾に――そして日本にも――根強く残っていると考えられる昔風の考え方は女性に対し、結婚して夫に従い子どもを育てる人生を望みがちです。ところが昔ながらの生き方を選ばない女性たちが、世界トップレベルのハイテクの島になった台湾で現れてきたのでしょう。

尼僧には大学を卒業した高学歴の人が多いそうです。高等教育を受けた女性たちが活躍する場が台湾では――そして日本でも――足りていないのではないでしょうか。女性が締め出されているのです。そこで彼女たちは仏教へと目を向けた、と考えられます。

尼僧になるとは出家することですから、時に束縛的になりうる家族から離れることができます。跡継ぎを残すという人生の課題からも自由です。困っている人を支える人になることは、自分自身の存在意義を確かめることができ、人生は充実することでしょう。金銭面での成功のために心身をすり減らすことはありません。他者と激しく競り合うことは必要ありません。

7　男性の出家はなぜ少ないのか

と、台湾仏教と女性について何でもわかっているかのように書いてきましたが、そんなことはありません。これで説明できてますとは、到底思っていません。拙文を読んで関心をお持ちになったなら是非ともこのテーマに、専門的に取り組んでみていただきたいと思います。

尼僧の姿が顕著だということは男性僧侶が目立たないということですが、男性僧侶の相対的少なさについて、台湾の徴兵制《ちょうへいせい》にその理由を求める研究論文を読んだことがあります。出家を志す若者はこの制度があるため、志を遂げることができないのだということでした。あるいは出家していた若い僧侶が徴兵されて軍隊生活を送ることで、寺での生活に戻れなくなってしまう等々と論じられていました。そうなのかなぁと疑問を感じないではないのですが、ここでは深入りしません（専門的に取り組む人を募ります）。

なお台湾の徴兵制は二〇一八年に——大陸中国との関係改善により脅威が減ったと判断されて——廃止されています。が、入隊して四カ月間の訓練を受ける義務（兵役義務）は残りました。それどころか二〇二四年一月一日から、四カ月間の兵役義務は一年間に延長されることになったそうです。延長の理由はご推察の通りです。

さらに台湾男性にとって、一族を栄えさせて次代につないでいくことが人生の義務とされていて、この儒教的な考え方が男性の出家を許さない風潮を生んでいるという見解も某論文のなかに見ました。なるほどなぁと頷《うなず》くのですが、「我が一族のために」は日本でもそうですが、台湾の男性たちの間でも薄れてきていると考えられます。となると男性僧侶がもっと増えてもいいはずです。それはそうなのですが、そもそも台湾のような先端的なハイテク社会で出家する男性が（女性ほどではないにせよ）いる、ということも驚きではあります。酒は飲めず肉は食べられず、結婚もできないのに……世襲系が圧倒的多数派の日本仏教とは違うのですから。

謎《なぞ》は尽きません。やはり、専門的に研究してみようというボランティアを募集です。つきつめていければ、きっと台湾社会がもっとわかってきます。

8　台湾という鏡に自分を映す

尼僧たちのことを知ると、いろいろなことが思い浮かびます。彼女たちが出家するまでに培《つちか》ってきた信念、ふり絞《しぼ》った勇気、襲《おそ》いかかってきた不安。周囲からの励ましもあれば忠告があったかもしれません。そしていま修行するなか感じる充実、いっそう湧き上がる意欲、あるいは後悔《こうかい》もあるかもしれません。佛光山や中台山で修行する一人一人に、そして台湾の内外で慈善活動に勤《いそ》しむ一人一人に、様々な思いがあることでしょう。

そんな尼僧が常駐している台湾仏教の寺が日本に既に建立されています。日本で暮らす台湾出身の、とりわけ女性には、とても訪れやすい場だと思います。待ち受けているのは同性であるばかりか、人生で大きな決断をした経験を持ち、そして自分を見つめ直すことを忘れない人たちなのですから。もちろん故郷の言葉で語り合えますし。

そして日本人にも、台湾寺は行きやすい場所だと思います。日本の寺だと、なんだかよそ様の家庭におじゃましているような気分になりがちですが（私だけでしょうか？）、台湾のお寺の敷居は低いです。禅宗ですから日本人にも馴染みやすいです。台湾から派遣された尼僧が日本語で迎えてくれるで

大阪佛光山寺（兵庫県宝塚市）。郊外の、住宅地のなかにあるお寺。日本にある台湾仏教寺院のなかで最も長い歴史を誇っています。設立されたのは 1994 年で、翌年に発生した阪神・淡路大震災では被災者支援の拠点の一つになりました。

しょう。座禅に興味がありますか、あるいは書道か料理か生け花がお好きでしょうか。ボランティア活動に関心がありますか。

寺で（尼僧を含む）台湾出身者に出会ったなら、そして出会った人たちとより深く付き合うようになるのなら、日本人はたくさんのことを学ぶでしょう。仏教はもとより、中国語や精進料理等々、興味惹かれるものがいっぱいあります。そして台湾をもっと知りたいと考えるようになって、台湾が少し前まで厳しい統制下に置かれていたという歴史、日本が統治していたという歴史、いま（概して）とても発展して豊かであることを学び、大陸との緊張関係が続いていることもリアルに感じることになりそうです。

こうしたこと以外に、民主化の進んだ台湾の人たちのなかでいま、自分を見つめ直そうという気分が高まっていること、困っている人たちのために尽くしたいという思いが溢れていることも学べたのではないですか。さらに、台湾でもまだまだ女性の活躍の場が制限されている現状も学べたでしょうし、その女性たちの自己実現の場を仏教が用意しているということも学べたと思います。

台湾の人たちがすべて――ここまで記してきた尼僧を典型とするような――「意識高い系」である、とはいえないでしょう。台湾は意識が高いのだから日本人は見習おう、といいたいわけでもありません。本書を読む人たちに伝えたいのは、世界にはいろいろな国がありの人がいるのですから、それを鏡に見立てて自分を映してみてはどうか、ということです。自分を見直す機会になります。自分を振り返ることはとてもいいことだと思うからです。

第11章　神と仏と先祖たち
――韓国の宗教

1　韓国籍と朝鮮籍

本書は在留外国人とその宗教に照準を合わせています。とりわけニューカマー、つまり近年来日して定着した人たちに注目しているのですが、オールドカマーつまり昔日本に渡ってきて、いまは第二・第三・第四世代の時代になっている在留外国人コミュニティにも目を向けたいと思います。具体的には韓国・朝鮮人のことです。かつて「在日《ざいにち》」といえば、この人たちを指していました。彼らの宗教的な側面のことを、日本人はあまり知らないでしょう。

二〇二三年末時点で、在留韓国人の数は四一万一五六人を数えています。その六二％にあたる二五万三八七九人が「特別永住者」です。そして在留朝鮮人は二万四三〇五人で、その九八％にあたる二万三八二八人が「特別永住者」。これを見て、北朝鮮国籍の人も多いんだな、と思われたのではないでしょうか。実は、在留朝鮮人イコール朝鮮民主主義人民共和国（北朝鮮）籍の人ではありません。どういうことだ、と思われたでしょうからその説明へと進みます。

かつて大日本帝国は朝鮮半島を――台湾もです――自国の領土として併合《へいごう》していました。その地の人々は日本の戸籍に組み入れられていたのです。その彼らのなかから大勢が日本に渡ってきて、各地に定着し生活を営んでいたことは周知のことです。やがて一九四五年に第二次世界大戦は終わりますが、その後もしばらくの間、日本国内の朝鮮半島出身者は日本国籍を有したままでした。彼らの民族の国家が彼らの故郷に、まだ誕生していなかったからです――誕生していなくても大勢が故郷の半島へと戻っていきました。そして一九四七年に外国人登録令が施行され、日本で暮らし続ける彼らは外国人とみなされるようになるのですが、その登録にあたり国籍欄には国名ではなく出身地域を示す「朝鮮」が記されたのでした。

一九四八年、ようやく大韓民国が成立します。日本で生きることを決断していた人々は、自身が希望すれば、国籍を変更して「韓国籍」にすることができるようになりました。ところが、希望しなかった人々も相当数いたのです。何らかの考えによって希望しなかったと推測されますが、その彼らは「朝鮮籍」のままです。これが一般にいわれる「在日韓国・朝鮮人」の下半分にあたる「朝鮮人」となります。この朝鮮籍に該当する人々のなかには朝鮮民主主義人民共和国籍を持つ人もいるようですが、その人たちも含め、朝鮮籍の人々は「国籍があると確認されていない者」として不安定な立場にあります。日本政府は通称・北朝鮮を国家として認めていませんから。

そして一九五一年に日本と連合国との間に締結されたサンフランシスコ平和条約により、戦後も日本に暮らし続ける人々は正式に日本国籍を失うことになりました。その彼らのための在留資格が「特別永住者」なのです。

2　減少しつつある在日韓国・朝鮮人

私には在日韓国人の知人がたくさんいます。その知人たちに在留資格について尋ねたことはありませんが、高い確率で特別永住者でしょう。その彼らは日本国籍を持ちませんから、選挙に行って投票する権利も、立候補する権利も持ちません。各種の税金はしっかり徴収されているのに、政治に物申すことができないのです。

なお私がよく参照する法務省の統計で、「韓国」と「朝鮮」はいま別カテゴリーとなっています。二〇一五年末時点のデータを公表するときから採られた処置です。それ以前は「韓国・朝鮮」となっていました。分離したということですが、そうするようにとの強い求めが与党の一部議員からあったということです。分けないままだと北朝鮮国籍者の数が実際よりも大きく見えるから、という理由だそうですが、私にはその主張がよく理解できません――ともあれ政治家の意見が通ったということです。

いま在日韓国人・在日朝鮮人の数は減りつつあります。日本への移住第一世代が世を去り、若い世代の間では日本への帰化を選択するケースが増えているからです。また在日の韓国人と日本人との結婚の場合、生まれた子どもは日本と韓国、両方の国籍を持って育ちますが、二二歳に達するまでにどちらかを選ばなければならないとしているのが現在の日本の法律です。そして韓国籍より日本国籍が選ばれる傾向にある、ということです。

日本化のトレンドが在日韓国人社会に押し寄せてきています。帰化しないまでも、普段は日本風の通名で生活している人たちは少なくないでしょう。それが自然な流れだと判断できるのでしょうが、それでも自分たちのルーツが完全に消え去ることを望まない人がいることも理解できます。次世代による継承を期待されるもののなかには、宗教的なものも含まれています。

3 死者への思いの宗教差

その最たるものが先祖祭祀《さいし》です。先祖を大切にして供養を絶やしてはいけない、という思いは日本人も持っているでしょう。私たちがいまここにいるのは父母が生んでくれたからで、父母を生んでくれた祖父母がいて、その祖父母を生んでくれた曾祖父母が……と延々と続いて、先祖がいたからこそ私たちがいるというロジック。だからご先祖様を大切にするのは人として当たり前のことだ、というフレーズに私たち東アジア人は頷《うなず》いてしまいます。

しかし、「人として当たり前」と考えられるようなことをしない人は世界にたくさんいます。キリスト教やイスラームは先祖を拝みなさいとは教えていません。私たちがいまここにいるのは神のお取り計らいによる、とこの二大宗教はいうのです。私たちを生んだ父母や祖父母もその上も、さらに上の上の上も神がこの世に存在させてきたというロジック。だから崇拝すべきは神のみです。

また上座仏教圏で先祖の墓参りをする、ということはありませんし、そもそも墓さえつくらないことが普通です。埋めておしまい、あるいは焼いて残った遺骨は川や海に流す、です。仏教の六道輪廻《ろくどうりんね》の考え方に則《のっと》れば、人は死んだとしてもまたどこかで生まれ変わっているのですから、先祖を拝めと教えられることはないのです。

もちろん人は、その信仰がキリスト教であれイスラームであれ上座仏教であれ無宗教であれ、親しい人の死を悲しまないわけでは決してありません。故人を悼《いた》み、故人に思いを馳《は》せること——追悼です——は「人として当たり前」だと思います。ただ、死者世界にいる人を現世で生きる人が慰《なぐさ》めたり——慰霊です——死者に何らかの頼みごとをしたり——祈願です——するのは「当たり前」ではありません。キリスト教やイスラームの考えでは、人間が死者と関わりを持つことなどできるはずがありません。できるのは神だけです。生者だったものが死者になったからといって、人の願いをかなえられる存在にはなりません。願いを聞いてくれるとすればそれは神だけです。死者の慰霊や死者への祈願は、世界の誰もが行うわけではないのです。

4　先祖の供養は丁重に

しかし東アジアの人間は別です。東アジアは儒教《じゅきょう》文化圏だからです。儒教は先祖を崇《あが》めることを説いています。韓国は儒教を国の根幹とする伝統の上に立つ国であるため、人々は先祖を篤《あつ》く祭祀してきました。一四世末から二〇世紀初めまで続いた李氏朝鮮の時代に、儒教は国教として重んじられていたのです。

日本も儒教の影響を色濃く受け、先祖の祭祀を重要視してきました。しかし祭祀がいま儒教式で行われていないのは、江戸時代以来の寺請《てらうけ》制度（檀家《だんか》制度）の浸透《しんとう》によって先祖祭祀と仏教との結びつきが強まったからです。

韓国に寺請制度はありません。それどころか仏教は李氏朝鮮の時代に弾圧され、険《けわ》しい山のなかに引き籠《こも》って命脈を保っていました。この時代を舞台にした韓国ドラマで登場人物が寺を訪れるシーンが時々出てきますが、その寺は山深くに位置していたはずです——その割に簡単に行き着けるように描かれているのがリアリティに欠けますが。

韓国で先祖の供養をすることをチェサといいます。旧正月（ソルラル）、中秋（チュソク）や命日に合わせ、お膳にご飯、餅《もち》、酒、干した魚や肉そしてナツメ、栗、柿等の果物を載せてお供えし、韓流スターが拝礼をしているシーンをドラマで観た人は少なくないのではないでしょうか。時代劇だけではなく、現代のオシャレな恋愛モノでもこの場面に出会うことがあるのは、それだけチェサが韓国文化のなかに根づいている証拠です。

先祖の祭りは跡継ぎ、つまり長男が行い、その準備に長男の嫁をはじめ女性たちが取り組むことになっているのは、いかにも儒教的です。とはいえ時代の流れで、こうした儀式も簡略化されたり規模が縮小されたりするようになってきていることは否定できません。

日本に暮らす韓国籍の人たちの間でもおそらく、同様な変化が見られることでしょう。とはいっても自身の系譜にまったく関心を持たない人はそう多くないでしょうから、これからも先祖の祭祀は受け継がれていくと考えられます。

5　不幸を除く呪的な儀礼

病気を患《わずら》い、事故に遭《あ》い、家族間に不和が発生するなどの不幸が続くと、先祖が怒っていることがその原因ではないかと考える人々がいます。そうであれば、先祖を慰撫《いぶ》する儀礼を行えば不幸の種を取り除くことができそうです。また不幸に見舞われていなくとも、先祖を喜ばせることを目的に儀礼を主催する人もいるでしょう。喜んだ先祖は家門繁栄のため力を尽くしてくれそうです。

その主催者が儀式執行のため呼び招くのがムーダン（巫堂）やポサル（菩薩）あるいはシンバン（神房）と呼ばれる人たちです。彼らは儒学者でも仏教僧侶でもない、民間宗教者です。韓国製の史劇・現代劇のどちらにも、時々この種のシャーマン的な職能者が登場しています。朝鮮半島では、こうした民間宗教者へのニーズが絶えることなく続いてきたのです。

この日本でも、ムーダンたちが盛んに活躍していた時期がありました。一九四〇年代から八〇年代にかけて、がその時期と推定されます。在日韓国・朝鮮人が多数暮らす大阪府と、その東にある奈良県との境を成して南北に連なる生駒《いこま》山系に在日コリアン寺院——朝鮮寺ともいわれます——がたくさんつくられ、そこでムーダンたちが先祖の霊や神霊を天から招き降ろして饗応《きようおう》する儀式を盛んに行っていたのがこの時期です。寺院といっても外観は小さな民家ですが、扉を開けると金色に輝く仏像や色鮮やかな仏画が配置されているので、寺であることがわかります。そこを会場として賽神《さいしん》（クッ）といわれる儀礼が行われていたのです。

クッ儀礼には費用と時間がかかります。長いものでは一週間以上かかり、その場合の費用は百万円を優に超えていたようです。在日一世の、とりわけ女性たちがこの儀式開催を望んだのですが、彼女たちは世を去り、続く世代は日数と費用のかさむことを敬遠したのか、迷信じみた行事に魅力を覚えなくなったのか、クッは行われなくなりつつあります。そのため、かつては賑わったコリアン寺院も顧みられなくなって廃屋になりつつあるのが現状です。

とはいえ、いまも私の耳に時折、日本でのムーダンの活動について情報が入ってくることがあります。彼らに儀礼執行を依頼する顧客が絶えていない、ということです。在日韓国人の間に、先祖があってこそ自分たちがいるという意識が保たれている限り、世代は交替しても先祖に捧げる儀礼は執行され続けるかもしれません。

本節の終わりに、本節の趣旨とは直接的な関係はないものの、一つだけ書き留めておきたいことがあります。ムーダンたちが来日して各地で——大阪限定でなく——巫俗《ふぞく》儀礼を行っているのですが、その儀礼に日本人が参列したり、日本人がムーダンの弟子になって修行をしていることがあるようで

コリアン寺院内の儀礼会場（大阪府八尾市）。私はクッの現場に連なったことがないため、その模様の撮影画像をここに提示することができません。ただ、現場となる直前の会場でシャッターを押したことがあり、それがこの写真です。昔の写真になりますが、手前に写る太鼓や銅鑼《どら》、神像を見て、開始されてからの儀礼の様子を想像してみてください。撮影した場所は八尾《やお》市東部の生駒《いこま》中腹に近い、人家の少ない地区です。銅鑼がドォーンと鳴らされても、太鼓がドンドコ叩かれても、苦情を申し立てた人はいなかったことでしょう。

す。さらに儀礼が日本風にアレンジされているケースもあるようなのです。日本人の間にも、民間宗教者を中心とするシャーマニズムへの関心は消え果ててはいません。消えるどころか、シャーマニズム（呪術《じゅじゅつ》）の高等専門学校まで日本には存在します——これはアニメのなかの話でした。

6 在日韓国・朝鮮人と仏教

生駒山系に所在するコリアン寺院には、荒れ放題になるものがある一方で、いまなお人の出入りしているところが何カ所かあります。後者の寺は、クッのための会場というより、仏教の道場へと役割を変えて存続しているようです。その寺でスニム（僧侶）が生活している場合もあれば、大阪の市街地にあるコリアン寺院の僧侶が山の寺を儀式や修行の場として位置づけている場合もあります。街のなかに韓国仏教の寺が新たに建立されているのが、在日韓国・朝鮮人社会の昨今のトレンドなのです。そしてコリアン寺院は大阪近辺だけではなく、東京にも複数存在していることが確認されています。

しかし全国各地に在日韓国・朝鮮人が生活していることを考えれば、寺は大阪や東京以外に建立されていても不思議のないところです。そうなっていないのは、端的にいって、韓国の仏教を信仰している人が少ないからでしょう。韓国で仏教信者は全国民中の約一五％です。仏教は朝鮮半島南部にあった古代国家・百済の聖明王が五三八年に日本に伝えたと教科書に書いてありました。それもいまは昔です。仏教に関しては、日本の方がはるかに盛んになりました。

日本国内に韓国仏教の信者がどれほどいるかは、残念ながらわかりません。ここでいえるのは、日本でいま——大阪を中心として——仏教道場としての在日コリアン寺院が三〇前後であるということにとどまります。そしてそれらの寺院で本国・韓国から来日してきた僧侶が活動に従事していることも付け加えておきましょう。

韓国の仏教でも、日本と同様に幾つかの宗派が存在していて、なかでも曹渓宗《そうけいしゅう》が最大勢力です。日本にあるコリアン寺院にもこの宗派のところが目立ちます。そうした僧侶が管理運営する現在のコリアン寺院は、基本的にはクッのような（霊的存在・霊的世界に働きかける）巫俗儀礼からは距離を置くことにしているようです。「あれは仏教ではない」という認識の上に立ってのことだと聞いています。仏教を前面に押し出したニューカマーの僧侶たちが日本でどれほどの信者を得ていくかは不透明ですが、彼らは在日韓国・朝鮮人社会に押し寄せている日本化のトレンドを受け止めているでしょうか。重く受け止め、日本に合わせるために、日本の仏教が行ってきたような先祖供養の方向へと舵を切っていくことがあるかどうか、注目に値します。

とはいうものの、韓国仏教僧が民間宗教者とともに儀礼を執行するケースのあるということも聞いています。スニムとムーダンの協働は、おそらく韓国では見られないことです。在日韓国人の強い要請がそうさせているのか、あるいは日本独特の宗教風土に順応しているのかもしれません。

なお、在日韓国・朝鮮人のなかには日本の仏教に親しんでいる人もいます。路傍のお地蔵さんに手を合わせたり、参禅したりと、彼らと日本仏教との関わりは一様ではないと思いますが、ここでは日本の修験道《しゅげんどう》系の宗派に所属している人たちに言及してみます。修験道とは、山岳で修行して神霊と交わり、そこで得た能力によって人々の要望に応えてきた修験者（山伏）を中心とする宗派であると捉えてください。

既述の通り、韓国仏教は山の宗教でした。そして在日韓国・朝鮮人は祖霊・神霊と交流する儀式に親しんでいました。彼らにとって、山と霊的存在をキーワードとする日本の修験道は親しみやすいものだったと思われます。そこで彼らのなかから京都や奈良・吉野にある修験道の本山で修行をして教師資格を得、自らの寺をつくり、あるいは小さな集団を率いるほどにまでなる人物も現れていました。修験道の行者（僧侶）を師と仰いで、その指導の下、滝行などの修行を行う人たちも数多く現れていたのです。

そうして創建された寺は在日コリアン寺院であると同時に、日本の——天台系・真言系の——修験道宗派に属するものでした。教師も信者も、その多くは女性でした。クッを行うこともあったようですが、そんな彼らも高齢化し、あるいは世を去って、彼らの信仰の次世代への引継ぎが順調とはいえそうにないのは、日本人の宗教事情と大きな違いはありません。

7　韓国のキリスト教

二〇二三年末時点で、日本に在留資格「宗教」で活動する外国人が四一四三人います。そのなかで一番多いのがアメリカ出身の一二三〇人です。「宗教」という目的で来日したアメリカ人がたくさんいるということですが、あの超大国アメリカと宗教との組み合わせは意外に思われるかもしれません。アメリカは、新大統領が就任式において聖書に手を置いて宣誓する国です。アメリカは信仰心を持つ人が、日本とは比較にならないほど多い国なのです。

そのアメリカに次ぐ七九三人を記録しているのが韓国です。これほど多くが「宗教」目的で隣国からやって来ているとは驚きです。この八〇〇人弱のなかで、おそらく仏教僧は少数です。また、日本の政権与党に食い込み、日本人信者を食い物にしていると話題になった韓国発祥の宗教団体から派遣された在留者がここに含まれているかもしれませんが、いたとしてもおそらく僅かです。「おそらく」続きの曖昧な表現にならざるをえないのは、在留資格「宗教」の内訳が公表されていないためですが、この資格に該当する人たちの相当数が――これまた曖昧表現です――キリスト教の指導者たちであることは間違いありません。韓国はキリスト教を信仰する人が、日本とは比較にならないほど多い国なのです。しかも韓国人キリスト教徒が布教することに示す熱意は、比較しようもないほどです。

韓国統計庁の二〇一五年のデータによると、韓国のプロテスタント信者は九六八万人、カトリック信者は三八九万人となっています。同じ時点の韓国総人口がおよそ五一〇〇万人ですから、キリスト教徒はその二七％を占めていることになります。キリスト教徒率およそ一％の日本とは比較になりません。

それにしてもなぜ、いつから、韓国でこれほどまでにキリスト教徒が多くなったのでしょう。これだけ多いとなると、韓流スターたちの胸に十字架のペンダントが揺れるのを見て、おしゃれで身につけているんだなと想像することは間違っていそうです。ガチの信者のスターがかなりいるに違いありません。彼らのファンなら、このあたりのことをちゃんと認識しておいたほうがよいのでは。

朝鮮半島におけるキリスト教の始まりには諸説ありますが、初めてキリスト教礼拝所が設けられたという一七八四年を起点としてみます。以降、徐々に信者は増えていったものの、李氏朝鮮はキリスト教に弾圧を加えていました。しかし一八七六年に鎖国体制が解かれて以降は外国からのキリスト教宣教団の進出が相次ぎ、ピョンヤンは「東洋のエルサレム」と呼ばれるほどにキリスト教信仰の盛んな街になっていったようです。そして第二次世界大戦後、北朝鮮が建国されることになって、南に逃れるキリスト教徒が続出し、韓国のキリスト教徒が増加していったという現実があります。

また韓国でキリスト教徒が増えた理由として、アメリカとの関係性が指摘されています。第二次世界大戦後の韓国はアメリカの強い影響下にありました。朝鮮半島を南下してくる共産主義勢力に対抗するため、アメリカは半島の南半分を支援することに力を注いでいたのです。一九五〇年から始まった朝鮮戦争でアメリカが韓国とともに戦ったことはよく知られています。そしてそのアメリカ出身のキリスト教宣教師たちが、韓国で伝道活動に従事していったのです。同時に宣教師たちは、戦争によって荒廃した社会で福祉活動を展開していきました。この活動に救われた韓国人も多かったに違いありません。

しかし、これだけで韓国におけるキリスト教の発展が説明されるわけではありません。アメリカの宗教家の活動によって信者が増えたというのなら、第二次世界大戦後の日本でも増えていなければならないはずです。

日本で第二次世界大戦後にキリスト教が広まらなかったのは、神道や仏教に基づく堅固な社会関係が築かれていたからではないでしょうか。地域社会には神社の神を崇拝する氏子《うじこ》同士の横のつながりが形成されていました。それに加え、仏教寺院を介して先祖や子孫と縦につながっていく関係性もあり、いわば縦糸と横糸が日本社会を織り成していたといえます。だからキリスト教が入り込む余地は残されていなかった、と考えられないでしょうか。

対して韓国では、山にこもる仏教にキリスト教の広まりを阻《はば》む力はなかったでしょう。そして儒教は韓国人にとって民族文化の背骨のようなもので、宗教とは次元が異なるために、進出してくるキリスト教に立ちはだかる勢力とは認識されなかったのでしょう。

もちろん、韓国人たちの間にキリスト教を受け入れるコンディションが生成している必要がありました。二〇世紀後半、とりわけ朝鮮戦争の停戦後から韓国は経済成長を遂げていきますが、それは――日本でもそうでしたが――都市への人口集中や産業構造の転換等、社会の大変動を伴うものでした。人々が拠って立ってきた伝統が激しく動揺します。人々の価値観も人間関係も、確固たるものではなくなります。かくして不安を感じた人々がキリスト教に魅力を感じるようになった、といえるのではないでしょうか。キリスト教に入信したなら信仰を共有する人々とつながり、アメリカとつながることができて不安が薄れ、先進的な（北を凌駕《りょうが》する）未来に参画していく自己のイメージを描くことができます。

もう一点追加すると、朝鮮戦争後に韓国で顕著に伸張したのは福音《ふくいん》派（ペンテコステ派）でした。聖霊の働きを重視するプロテスタントのグループです。そして韓国社会にムーダンらの民間宗教者が活動しうるシャーマニスティックな土壌のあったことは、既に述べた通りです。この土壌があって福音派の成長が可能だったといってもよいでしょう。

8 日本に進出する韓国のキリスト教会

かくして韓国にキリスト教が地歩を固めていきます。とはいえやがて信者数の伸びは頭打ちになってきて、そこで国外に目が向けられ、韓国人主体の宣教団が世界中に派遣されるようになっていきます。その活動は日本でも実を結び、韓国系のキリスト教会の設立が一九九〇年代以降に顕著になってきました。

日本国内で多くの信者を集めている韓国系のキリスト教団体のなかで、有力どころをいくつか挙げておきましょう。第一は在日大韓基督《キリスト》教会です。これは一九〇八年に朝鮮人だけの礼拝を行った留学生たちの集まりを起源とするものですから、二〇世紀後半に韓国で急成長したキリスト教会とは別系統のものです。『宗教年鑑（令和五年版）』によれば、全国に七九の教会と一二の布教所を展開しており、教師（牧師）は一〇四名。そのうち九五名が外国人であると掲載されていますが、多くは近年に来日してきた韓国人たちのようです。九名が日本国籍の牧師ということになりますが、おそらくそれは帰化された人たちでしょう。そして信者数は五五二四人で、大半がオールドカマーの韓国・朝鮮人のようです。

以下は一九八〇年代から九〇年代に活動を開始した教会（教団）です。まずは純福音東京教会。傘下の教会名には「フルゴスペル」という言葉がついていますから、すぐ判別できます。韓国の首都ソウルを流れる漢江《ハンガン》の中洲・汝矣島《ヨイド》に超巨大教会・汝矣島福音教会がありますが、そこを母教会とする団体です。ヨハン東京キリスト教会も有力です。韓国からの留学生の信者が多く、その彼らが後から留学してきた後輩たちを誘い、また日本語学校や大学で礼拝集会への参加を呼びかけているところが特徴的だそうです。そして東京中央教会にも注目です。この団体は一九九六年に一五〇〇人の収容能力を持つ教会を東京の大久保に完成させています。コリアンタウンとして多くの人が押し寄せているあの街に、です。最後にオンヌリ教会を挙げます。オンヌリとは「全世界（に広がる）」という意。東京・名古屋・大阪を含め、全国に七つの教会を設けています。

五つの団体を取り上げてきました。在日大韓基督教会以外は、ニューカマーのキリスト教会です。その新しい四つのなかの三つで「東京」という文字が見られることから推測できるように、人口過密な日本の首都が韓国系キリスト教の主な活動領域ですが、他の大都市圏でも熱心な礼拝集会を開催しています。そしていうまでもなく、五つ以外の韓国系キリスト教団体も独自の活動を展開しています。

大阪純福音教会（大阪市浪速区）。ソウル・汝矣島の純福音教会に連なる教会で、1988年に創立されたとホームページにありましたから、韓国系キリスト教会としては古株です。もちろん新たに来日してくる宣教団は多く、それらはビルのワンフロアを教会に改装し、夜になれば赤く光るような十字架を設置するなどして、人々にアピールしています。とはいえ、思うように信者数が延びず苦戦している教会が少なくない、という話が私の耳に聞こえてきました。

このように書いてくると、オールドカマーであれ、ニューカマーであれ、在日韓国・朝鮮人にはキリスト教を信仰する人が多いという印象を与えるかもしれません。もちろんそんなことはなく、一番の勢力は「無宗教」です。この点も日本人と同じですが、比較的若い信者たちが一堂に会して熱心に祈りを捧げている場景は、日本人を中心メンバーとするキリスト教会には見られないところだと思います。

9　別れの場面の日韓差

本章で記した韓国の総人口中のキリスト教徒比率と仏教徒比率を単純に足すと四二％になります。他にも韓国には天道教《てんどうきょう》や甑山道《じゅんさんどう》等の新宗教——日本にもその支部があります——も活動しており、ムスリム人口も少なくありません。とはいえ、そうした信仰者たちを全部まとめても総人口の半分くらいでしょう。残る半分は無宗教の人たちです。

本章もページが進んでいくにつれ、仏教のお坊さんやキリスト教の牧師さんたちの来日に筆が及んでいって、本書全体のコンセプトである「ニューカマーとその宗教」に目が向いていきました。本章を閉じるにあたり、宗教的なニューカマーであれ無宗教のニューカマーであれ、韓国出身者が日本で見聞して驚くかもしれないことを記しておきましょう。ただし、日本じゃ買い物にまだ現金を使っているのか⁉　だの、飲食店に入ってキムチを頼んだら有料だった⁉　とかではなくて、宗教（文化）

に関係することを記します。そういう本ですから。

普通の、宗教なんて関係ないよと思っている日本人が神だの仏だの先祖だのを考えるときがあると
すると、それは「死」を考えたときではないでしょうか。縁起悪いと思うかもしれませんが、誰もが
通る道です。目をそらさずいきましょう。

いまや日本人が「畳の上で死ぬ」ことはなくなりました。病院のベッドの上、です。こうした事情
は韓国も同じと思われますが、その後が違います。日本では遺体は病院から自宅や葬儀会館に搬送さ
れます。あるいは寺や教会に運ばれることもあるでしょう。寺や教会の場合に僧侶や神父・牧師が別
れの儀式を執行するのは当然ですが、自宅や会館の場合でも遺族は宗教者を招いて故人を送る儀式の
執行を依頼することが多いはずです。

その式に参列することになった韓国人ニューカマーは、びっくりするのではないでしょうか。日本
人のほとんどは無宗教だと聞いていたけれど、実際は仏教の（ときにはキリスト教の）信者が多いじゃ
ないか、と。

韓国では、仏教徒やクリスチャンの遺体は寺・教会に搬送されるかもしれませんが、無宗教の人た
ちの葬儀は病院の敷地内に設けられた葬儀場で営まれることが一般的になっています——病院に葬儀
式場があるとは日本人には驚きです。そしてそこに仏教僧がやって来て読経《どきょう》していくことはほぼあり
ません。故人そして遺族が無宗教なら、お坊さんの来ない韓国式が当たり前といえます。

なのに日本では、宗教なんて関係ないといっている人が仏教式の葬儀を営むことは珍しくありませ

ん。大地震・大津波の被災地の遺体安置所で、自分にはこれしかできないからと読経を申し出た僧侶が遺族たちに感謝された、ということもありました。遺族の多くは自分を仏教徒だと認識していない人たちだと思います。

こうしたことを見聞した韓国人は、日本人は信仰していないと口ではいいながら宗教的なのだな、と思うのではないでしょうか。

参考文献

第1章

村山盛忠、一九七四、『コプト社会に暮らす』岩波新書

森安達也、二〇二二、『東方キリスト教の世界』ちくま学芸文庫

第2章

ホセ・ヨンパルト、一九八六、『カトリックとプロテスタント――どのように違うか』サンパウロ

小高毅、二〇〇二、『よくわかるカトリック　その信仰と魅力』教文館

第3章

梶田孝道他、二〇〇五、『顔の見えない定住化――日系ブラジル人と国家・市場・移民ネットワーク』名古屋大学出版会

三田千代子編著、二〇一一、『グローバル化の中で生きるとは――日系ブラジル人のトランスナショナルな暮らし』上智大学出版

第4章

ニッキー・グニンデール・コウルシング（高橋堯英訳）、一九九四、『シリーズ世界の宗教　シク教』青土社

保坂俊司、二〇二二、『インド宗教興亡史』ちくま新書

第5章

ラジャ・ラトナ・スタピット、二〇一一、『素顔のカトマンドゥ――日本が教えてくれた故郷』弦書房

立川武蔵、二〇一四、『世界の宗教史2　ヒンドゥー教の歴史』山川出版社

第6章

内藤正典、二〇一六、『となりのイスラム――世界の3人に1人がイスラム教徒になる時代』ミシマ社
嶺崎寛子編著、二〇二四、『日本に暮らすムスリム』明石書店

第7章

中村廣治郎、一九九八、『イスラム教入門』岩波新書
樋口直人他、二〇〇七、『国境を越える――滞日ムスリム移民の社会学』青弓社

第8章

小倉貞男、一九九七、『物語ヴェトナムの歴史――一億人国家のダイナミズム』中公新書
今井昭夫・岩井美佐紀編著、二〇〇四、『現代ベトナムを知るための60章』明石書店

第9章

青木保、二〇二一、『タイの僧院にて』青土社
和田理寛他、二〇二一、『東南アジア上座仏教への招待』風響社

第10章

金子昭、二〇〇五、『驚異の仏教ボランティア――台湾の社会参画仏教「慈済会」』白馬社
五十嵐真子、二〇〇六、『現代台湾宗教の諸相――台湾漢族に関する文化人類学的研究』人文書院

第11章

李元範・櫻井義秀編著、二〇一一、『越境する日韓宗教文化――韓国の日系新宗教 日本の韓流キリスト教』北海道大学出版会
崔吉城、二〇二一、『キリスト教とシャーマニズム――なぜ韓国にはクリスチャンが多いのか』筑摩書房

あとがき

以前、つい手に取ってしまいたくなるようなタイトルを持つ本が出版され、実際にベストセラーになりました。〝人は見た目が決定的に重要なんだ！〟と主張するその本の、タイトルのインパクトを本書にも、とたくらんで案出したのが本書タイトルです。

〝重要〟の度合いは「九割」、というのがそのベストセラー本の数字でしたが、本書は宗教を知ることの重要性を訴えているとはいえ、「九割だ！」とまでいってしまうと、宗教を知らないようでは絶対ダメだ、という主張になってしまいます。

そこまで言い切る気持ちは私にはありません。しかし「重要なんだ」という気持ちは読者に伝えたい。ということで九割の半分くらいにしてみると四五％です。四五といえば「し」と「ご」。宗教といえば信仰。「しん」と「こう」。似ています。

これはオモシロい、ということで「ほぼ半分」をタイトルに取り入れました。不真面目な雰囲気が伝わるかもしれませんが、著者としてはいたって真剣です。宗教という、いまの日本で好意的に語られることが多いとはいえないものを扱っているのが本書です。手に取ってもらわなければ始まりません。工夫が必要でした。

「九割」ほどに押しつけがましくなく、かといって「もしよかったら（お願いします）」と控えめに過ぎることもなく。「ほぼ」をつけることで、堅苦しさを緩めています。このタイトルに点数をつけるとしたら、百点満点で九〇点はいけるでしょうか。

手に取っていただき、少しでも文章に目を走らせていただけたなら、もうちょっと読んでみようかなと思ってもらえるよう、工夫しながら執筆しました。臨場感を感じてもらえるよう、現場の空気を伝えられるように心がけたのは、読者に「ニューカマーとその宗教」が自身にとっても身近な問題だと感じてもらうためです。

そして、いっそうの興味をお持ちくださった方々のために、参考文献を掲げておきました。比較的読みやすいものであること、入手しやすいこと、単行本として出版されていることを条件に選びましたが、たくさん並べ過ぎて目移りしてしまうことがないよう、各章二冊ずつに抑えています。

各宗教の教え等を解説する文献については、掲げたもの以外に的確な著作がありそうなのですが、それを挙げていないのは私が教学に詳しくないからです。また宗教社会学的な文献は、私の専門分野に関わりますので、もっと挙げることができるのですが、読みやすいものが少ないし入手し難いし、しかも値段が高いし、ということで控え目にしました。

とはいいながら、私の著作をここに記しても罰は当たらないだろうと判断して、次を挙げさせていただきました。「ニューカマーとその宗教」を主題とした三冊の単行本です。

三木英・櫻井義秀共編、二〇一二、『日本に生きる移民たちの宗教生活――ニューカマーのもたらす宗教多元化』ミネルヴァ書房
三木英編、二〇一七、『異教のニューカマーたち――日本における移民と宗教』森話社
三木英編、二〇二四、『ニューカマー宗教の現在地――定着する移民と異教』七月社

入手し難い、値段が高い、そして読みにくい、という苦情が（予想通り）寄せられそうな拙編著ですが、少しは読者の好奇心を満たせるかもしれません。

拙著作に対して読みにくいという感想が出てくるとしたら、それは文章を書く仕事をしてきた私には耳が痛いところです。ですが、私はこれまで研究者を読者と想定してきたものしか書いてきませんでした。特定分野の知識を具《そな》えた人たち相手の著作ですから、私が刊行してきたものは研究者以外の方々に優しくなかったでしょう。

そんな私に、「大学一年生に語って聞かせるような本を書いてみませんか」と薦めてくださったのが法藏館の今西智久さんでした。私に、否やはありません。多くの人に読まれたい、という欲は何だかんだいってもあるのです。本を売りたいからということではなく、研究することで明らかにできた「知られざる現実」を、多くの人に知って欲しいからです。

今西さんは、無駄話や笑いも交えた優しい文章を書いて発表する機会を与えてくださいました。また、自分でも驚くのですが、「はじめに」を書き始めた遅筆なはずの私がいま、早くも「あとがき」

にまで到達しています。私が「調子に乗る」よう、今西さんが励ましの言葉をかけ続けてくれたからです。

今西さんのお蔭で書くことができた本です。心より感謝申し上げます。

本書によって、宗教は意外なほどに重要なものなんだな、と思ってくれる人が増えてくれることを望んでいます。もちろん、だから信仰心を持ちましょうね、と読者を導こうとするものでは決してありません。人と社会にとっての宗教の重要性を感じてください。その宗教を信じる、信じないはあなた次第、ということで。

二〇二四年 夏

三木　英

著者略歴

三木　英（みき　ひずる）

1958 年、兵庫県生まれ。大阪大学大学院人間科学研究科博士後期課程単位取得満期退学。博士（人間科学）。専門は宗教社会学。

相愛大学人文学部客員教授。

著書に『宗教集団の社会学——その類型と変動の理論』（北海道大学出版会、2014 年）、『宗教と震災—阪神・淡路、東日本のそれから』（森話社、2015 年）、『被災記憶と心の復興の宗教社会学——日本と世界の事例に見る』（編著、明石書店、2020 年）、『ニューカマー宗教の現在地——定着する移民と異教』（編著、七月社、2024 年）などがある。

国際理解には宗教がほぼ半分
外国ルーツの隣人を知るために

二〇二四年一一月二五日　初版第一刷発行
二〇二五年　二月二八日　初版第二刷発行

著　者　三木　英
発行者　西村明高
発行所　株式会社　法藏館
京都市下京区正面通烏丸東入
郵便番号　六〇〇－八一五三
電話　〇七五－三四三－〇〇三〇（編集）
〇七五－三四三－五六五六（営業）

装　幀　野田和浩
印刷・製本　中村印刷株式会社

ISBN 978-4-8318-7783-3　C0014